POUR L'UKRAINE

VOLODYMYR ZELENSKY

POUR L'UKRAINE

traduit, présenté et annoté par Raphaël Zyss

BERNARD GRASSET
PARIS

AVERTISSEMENT

Cet ouvrage a été publié avec le concours des autorités gouvernementales ukrainiennes, représentées par l'ambassadeur d'Ukraine en France, S.E. M. Vadym Omelchenko.

La traduction a été effectuée à partir des textes officiels anglais.

Tous les profits de la vente de l'ouvrage seront versés à l'organisme de soutien au peuple ukrainien géré par l'ambassade d'Ukraine en France.

Toute personne désirant procéder à un don peut s'adresser à : https://fr.aideukraine.fr/manifesto/vyQSco5vPtDokrilrxwZC/dons-financiers

Photo de couverture :
© Ukraine Presidential Press Service via ABACAPRESS.COM

ISBN 978-2-246-83225-6

© *Éditions Grasset & Fasquelle, 2022, pour le choix, la traduction et l'annotation des discours, ainsi que pour la note liminaire.*

NOTE

Cet ouvrage réunit certains des discours les plus marquants prononcés par le président Zelensky dans les cinq premières semaines de l'invasion de l'Ukraine par l'armée russe, que précèdent deux importantes allocutions antérieures à l'agression, notamment à la conférence de Munich sur la sécurité. Depuis, le président Zelensky s'est exprimé devant des institutions étrangères, mais aussi devant le peuple ukrainien, par le biais des réseaux sociaux. Ayant pris la tête de la résistance de son pays, il exhorte les Ukrainiens au courage, rendant compte sans artifice des tragédies et des victoires de cette guerre injuste. Il déplore souvent l'incapacité de la communauté démocratique internationale à agir avec assez de fermeté. Le retentissement de ses discours est tel que, souvent, ils ont des effets quasi immédiats, tels le retrait de certaines entreprises occidentales de Russie et l'accroissement des sanctions.

Dans les discours qu'il adresse aux parlements étrangers, le président Zelensky ne manque jamais d'évoquer les circonstances particulières de l'histoire de chaque pays : Verdun en France, les accidents nucléaires au Japon, Pearl Harbor aux États-Unis. Ainsi, tout en émouvant chacun de ses auditoires, il parvient à lui faire sentir le caractère universel de la situation ukrainienne : non seulement toutes ces nations ont subi des atrocités analogues, mais elles pourraient bien les revivre si un coup d'arrêt n'est pas porté à l'invasion russe. C'est nous que nous défendons en défendant l'Ukraine.

Le 24 février 2022 a débuté l'invasion russe, après des années de combats plus ou moins larvés sur sa frontière orientale et de tensions politiques continues depuis l'entrée en dissidence des deux républiques autoproclamées du Donbass en 2014 et la conquête militaire concomitante, par la Fédération de Russie, de la Crimée. En 1991, au moment de la dissolution de l'URSS, l'Ukraine avait accédé pour la première fois à l'indépendance réelle, à la pleine souveraineté et à la paix civile, élaborant un sentiment à la fois national et démocratique. Ces acquis sont mis en danger.

Au fil de ces pages, ce sont cinq semaines et un épisode important de l'Histoire ukrainienne, européenne et mondiale qui s'écrivent.

1.

Sur l'unité de la société ukrainienne

Aux Ukrainiens, publié sur les réseaux sociaux,
dix jours avant l'invasion – 14 février 2022

Dix jours avant l'invasion de l'Ukraine par les troupes russes, le président Zelensky estime que le danger de guerre est imminent. Depuis le début du mois de février 2022, les services de renseignement américains estiment que plus de cent mille soldats russes sont amassés à la frontière de l'Ukraine. Cette situation fait suite à un conflit entre la Russie et l'Ukraine qui a éclaté en 2014. Après les manifestations d'Euromaïdan protestant contre le refus du président ukrainien Ianoukovytch de signer un accord d'association avec l'Union européenne en novembre 2013, la Russie a envahi la Crimée, la proclamant russe à la suite d'un « référendum ». Des mouvements séparatistes ont ensuite proclamé leur indépendance dans le Donbass, soutenus par la Russie qui y déploya notamment des forces irrégulières. Ainsi a débuté la guerre du Donbass, qui a opposé les troupes ukrainiennes aux forces séparatistes pro-russes et russes. Les tensions accrues depuis la fin de l'année 2021 laissaient présager le risque d'une guerre de grande ampleur entre les deux pays.

Grand peuple d'un grand pays !

Je m'adresse à vous dans un moment de grandes tensions. Notre État fait face à des menaces extérieures et intérieures qui appellent à la responsabilité, à la confiance et à des actions de ma part aussi bien que de chacun d'entre nous. On nous intimide avec la menace d'une grande guerre et la possibilité d'une intervention militaire, qui nous serait à nouveau imposée. Ce n'est pas la première fois.

La guerre menée contre nous l'est de manière systématique sur tous les fronts. Sur le front militaire, ils ont renforcé le contingent aux frontières. Sur le front diplomatique, ils tentent de nous priver du droit de déterminer le cours de notre politique étrangère. Sur le front de l'énergie, ils rationnent l'approvisionnement en gaz, en électricité et en charbon. Sur le front de l'information, ils tentent de semer la panique dans les médias auprès de nos citoyens et de nos investisseurs. Mais l'État aujourd'hui est plus fort que jamais.

Ce n'est pas la première menace à laquelle le vaillant peuple ukrainien fait face. Il y a deux ans, comme le reste du monde, nous nous sentions perdus face à la pandémie. Cependant, nous nous sommes unis et grâce à une organisation claire et systématique, nous l'avons vaincue. En ces temps difficiles, le vaillant peuple ukrainien a montré ses plus grandes qualités – l'unité et la volonté de l'emporter.

Aujourd'hui, contrairement à l'épidémie d'il y a deux ans, nous comprenons parfaitement toutes les menaces auxquelles nous faisons face et ce que nous devons faire pour y mettre fin. Nous sommes confiants mais nous ne sommes pas sûrs de nous. Nous comprenons tous les risques. Nous suivons la situation de près, travaillons sur divers scénarios, préparons des réponses rationnelles aux actions possibles de l'agresseur. Nous savons précisément où se trouve l'armée ennemie à nos frontières, ses effectifs, ses emplacements, ses équipements et ses plans. Nous disposons de quoi lui répondre. Nous avons une grande armée, nos hommes ont une expérience unique du combat et des armes modernes. C'est une armée bien plus forte qu'il y a huit ans.

Avec l'armée, la diplomatie ukrainienne est à l'avant-garde de la défense de nos intérêts. Nous sommes parvenus à obtenir le soutien diplomatique de presque tous les dirigeants du monde civilisé. La plupart nous ont déjà rendu visite et ont exprimé leur soutien à l'Ukraine, ou ils le feront dans le futur. Aujourd'hui, tout le monde reconnaît que la sécurité de l'Europe et du continent entier dépend de l'Ukraine et de son armée. Nous voulons la paix et nous voulons résoudre tous les problèmes par la négociation. Et le Donbass et la Crimée reviendront à l'Ukraine, et cela exclusivement par la voie diplomatique. Nous n'empiétons pas sur ce qui n'est pas nôtre, mais nous n'abandonnerons pas notre terre.

Nous avons confiance dans nos forces armées, mais nos militaires doivent aussi percevoir notre soutien, notre cohésion et notre unité. Le point d'ancrage de notre armée réside dans la confiance qu'éprouve son peuple envers elle et dans la puissance de notre économie. Nous avons accumulé des réserves suffisantes pour repousser les attaques sur le taux de change du hryvnia[1]. Nous n'ignorerons aucune industrie qui requerrait l'aide du gouvernement, comme ce fut le cas la semaine dernière pour les compagnies aériennes. La preuve s'en trouve dans la stabilité du taux de change du hryvnia et dans l'ouverture du ciel.

La couverture objective de la situation par les médias domestiques constitue un front important de notre défense. Je veux maintenant m'adresser aux journalistes ukrainiens. Certains d'entre vous devront assumer la responsabilité qui incombe aux propriétaires de médias, car la plupart de ceux-ci ont déjà fui leur propre pays. Travaillez pour l'Ukraine et non pour ceux qui ont fui. Le destin de notre pays aujourd'hui dépend de l'honnêteté de vos décisions.

Et maintenant, j'aimerais m'adresser, non à ceux qui sont restés en Ukraine et à ses côtés, mais à ceux qui sont partis au moment crucial. Votre force ne réside pas dans votre argent et vos avions,

1. Devise de l'Ukraine.

mais dans la position civique que vous pourrez occuper. Retournez auprès de votre peuple et du pays grâce auquel vous possédez vos usines et vos fortunes. Aujourd'hui, tout le monde passe un examen de citoyenneté. Passez-le avec dignité. Faites comprendre au monde pour qui l'Ukraine est une patrie et pour qui elle n'est qu'un moyen de s'enrichir.

Je m'adresse directement à chacun des représentants de l'État. Fonctionnaires, députés du peuple de tous niveaux qui avez fui le pays ou qui avez l'intention de le faire, le peuple d'Ukraine a placé en vous sa confiance en votre capacité non seulement de gouverner un État, mais aussi de le protéger. Dans cette situation, c'est votre devoir premier d'être avec nous, avec le peuple ukrainien. Je vous prie de revenir dans votre patrie dans les vingt-quatre heures et de vous tenir aux côtés de l'armée ukrainienne, des diplomates et du peuple.

Nous avons entendu que le 16 février serait le jour de l'attaque. Nous en ferons le jour de l'unité. Les décrets appropriés ont déjà été signés. En ce jour, nous hisserons le drapeau national, nous porterons des rubans bleus et jaunes et nous montrerons notre unité au monde.

Nous portons une grande aspiration européenne. Nous voulons la liberté et nous sommes prêts à nous battre pour l'acquérir. Les quatorze mille défenseurs et civils qui sont morts dans la guerre nous observent du ciel et nous ne trahirons pas leur mémoire. Nous voulons tous vivre dans le bonheur, et le bonheur aime les forts. Nous n'avons jamais su ce que c'était que d'abandonner et nous ne l'apprendrons pas. Aujourd'hui n'est pas seulement la Saint-Valentin. C'est le jour de ceux qui aiment l'Ukraine. Nous croyons en notre force et nous continuons de construire notre futur commun. Parce que nous sommes unis par notre amour de l'Ukraine, nous sommes unis et uniques. L'amour l'emportera. Oui, vous pouvez penser en ce moment que c'est l'obscurité qui nous entoure. Mais demain, le soleil se lèvera à nouveau dans notre ciel en paix.

Aimez l'Ukraine !
Nous sommes calmes ! Nous sommes forts ! Nous sommes ensemble !
Le grand peuple d'un grand pays.

2.

Nous savons qui ment

À la 58ᵉ Conférence de Munich sur la sécurité, cinq jours avant l'invasion – 19 février 2022

La veille du discours de Munich, les doutes à propos d'une invasion possible de la Russie se précisent. Les Républiques populaires de Donetsk et de Louhansk, autoproclamées, séparatistes et pro-russes ont ordonné l'évacuation des populations civiles et le nombre de soldats russes se massant à la frontière ne cesse de croître : il est estimé ce jour-là à cent cinquante mille hommes. Certains, à l'image de la ministre des Affaires étrangères allemande, doutent encore qu'une invasion soit le scénario le plus probable. Alors que Volodymyr Zelensky, par le discours suivant, appelle l'OTAN à accepter l'adhésion de son pays, la Russie, quant à elle, refuse de participer à la Conférence de Munich sur la sécurité.

L'Ukraine veut la paix. L'Europe veut la paix. Le monde dit qu'il ne veut pas se battre et la Russie dit ne pas vouloir mener d'attaque. Quelqu'un ment. Ce n'est pas là un axiome, mais ce n'est plus une hypothèse.

Mesdames et Messieurs,

Voici deux jours, j'étais dans le Donbass, sur la ligne de contact. D'un point de vue juridique, c'est la ligne de séparation entre l'Ukraine et les territoires temporairement occupés. En fait, c'est la ligne entre la paix et la guerre. Quand d'un côté il y a une crèche et que de l'autre côté vient un projectile qui la vise, quand d'un côté il y a une école et que de l'autre vient un projectile qui atteint la cour de l'école. Juste à côté, il y a trente enfants qui ne vont pas, non, rejoindre l'OTAN mais rejoindre l'école. Si quelqu'un a suivi des cours de physique et en connaît les lois les plus élémentaires, même les enfants comprendraient, ils réaliseraient à quel point il est absurde de dire que c'est l'Ukraine qui conduit ces bombardements.

Si quelqu'un a suivi des cours de mathématiques, même les enfants peuvent faire ces calculs sans calculette, alors il est facile de déterminer la différence entre le nombre de bombardements de ces trois derniers jours et le nombre de fois où l'Ukraine a été mentionnée dans le rapport de la Conférence de Munich sur la sécurité.

Si quelqu'un a suivi des cours d'histoire, quand un cratère de bombe apparaît dans la cour de l'école, alors même les enfants se posent cette question : le monde commet-il à nouveau les mêmes erreurs qu'au XXe siècle ?

À quoi l'apaisement a-t-il mené ? À ce que la question : « Pourquoi mourir pour Dantzig ? » se transforme en besoin de mourir pour Dunkerque et des dizaines d'autres villes d'Europe, au prix de dizaines de millions de vies.

Ce sont là les leçons terribles de l'Histoire. Je veux simplement vérifier que vous et moi ayons lu les mêmes livres et partagions la même compréhension de la réponse à la question principale : comment ceci peut-il de nouveau arriver au XXIe siècle ? Comment l'Europe est-elle à nouveau en guerre ? Pourquoi des gens en meurent-ils ? Pourquoi cette guerre dure-t-elle plus longtemps que la Seconde Guerre mondiale[1] ? Comment en est-on arrivé à la plus grave crise sécuritaire depuis la guerre froide ? Pour moi, en tant que président d'un pays qui a perdu une partie de son territoire, des milliers d'habitants, et sur les frontières duquel se trouvent à présent cent cinquante mille soldats russes, des équipements et des armes lourdes, la réponse est évidente.

L'architecture de la sécurité mondiale est précaire et a besoin de se renouveler. Les règles sur lesquelles le monde s'était mis d'accord il y a des décennies ne fonctionnent plus. Elles ne peuvent plus faire face aux nouvelles menaces, elles ne parviennent pas à les dominer. C'est un sirop pour la toux quand on aurait besoin d'un vaccin contre le coronavirus. Le système de sécurité est lent, il nous fait encore défaut. Et cela pour différentes raisons : l'égoïsme, trop de confiance en soi, l'irresponsabilité des États au niveau mondial. Résultat, nous avons les crimes de certains et l'indifférence des autres. L'indifférence qui fait de vous un complice. C'est symboliquement que je parle. C'est ici, voici quinze ans, que la Russie

---

1. La guerre du Donbass a commencé en 2014.

a annoncé son intention de porter atteinte à la sécurité mondiale. Comment le monde a-t-il répondu ? L'apaisement. Le résultat ? Au minimum, l'annexion de la Crimée et l'agression contre mon État.

L'ONU, supposée défendre la paix et la sécurité dans le monde, n'a pas même les moyens de se défendre elle-même, même quand sa Charte est violée, même quand l'un des membres du Conseil de sécurité des Nations unies annexe le territoire de l'un de ses membres fondateurs. Même l'ONU ignore complètement la Plateforme de Crimée[1] dont le but est pourtant de libérer pacifiquement la Crimée de l'occupation et de protéger les droits de ses habitants.

Il y a trois ans, c'est ici qu'Angela Merkel a dit : « Qui va ramasser les débris de l'ordre du

---

1. La Plateforme de Crimée est une initiative internationale lancée le 23 août 2021 par Volodymyr Zelensky dont le but est le retour de la Crimée à l'Ukraine et la restauration des relations diplomatiques entre l'Ukraine et la Fédération de Russie. La Plateforme de Crimée énonce des moyens nouveaux pour avancer sur le plan diplomatique, malgré l'échec des institutions internationales.

monde ? Seulement nous, ensemble. » Le public lui a répondu par une *standing ovation*. Malheureusement, l'applaudissement collectif n'a pas donné vie à l'action collective. Et maintenant, quand le monde parle de la menace d'une grande guerre, la question à poser est la suivante : « Reste-t-il quelque chose à ramasser ? » L'architecture de la sécurité européenne et du monde est presque entièrement détruite. Il est trop tard pour penser à la réparer, il est temps de construire un nouveau système. L'humanité l'a déjà fait deux fois, en payant chaque fois le prix fort – deux guerres mondiales. Nous avons la chance de pouvoir mettre fin à cette dérive avant qu'elle ne devienne un mouvement irréversible et commencer à construire un nouveau système avant qu'il n'y ait des milliers de victimes. Nous sommes forts des leçons de la Première et de la Deuxième Guerre mondiale et nous éviterons, je l'espère, l'expérience d'une troisième guerre désormais possible, que Dieu nous en préserve.

J'en ai parlé ici, et à la tribune de l'ONU. Pour que, au XXIe siècle, il n'y ait plus de guerres, mais aussi pour que l'annexion de la Crimée et la guerre du Donbass aient des conséquences sur l'ensemble du monde. Et ce n'est pas qu'une guerre en Ukraine, c'est aussi une guerre en Europe. Je l'ai dit lors de sommets et à de forums. En 2019, en 2020, en 2021. Le monde m'entendra-t-il en 2022 ?

Ce n'est plus une hypothèse mais ce n'est pas encore un axiome. Pourquoi ? Des preuves sont nécessaires. Et c'est plus important que des mots sur Twitter ou des déclarations dans les médias. L'action est nécessaire. Quand le monde en a besoin, et pas seulement nous. Nous défendrons notre terre avec ou sans le soutien de nos partenaires, qu'ils nous donnent des centaines d'armes modernes ou cinq mille casques. Nous apprécierons toute aide, mais le monde doit bien comprendre que ce ne sont pas là des contributions charitables que l'Ukraine devrait demander ou aurait à vous rappeler. Ce ne sont pas des actions nobles pour lesquelles l'Ukraine devrait s'incliner. C'est votre contribution à la sécurité de l'Europe et du monde. L'Ukraine a été un bouclier sûr pendant huit ans, et pendant huit ans elle a repoussé les attaques de l'une des plus grandes armées au monde, qui se tient à nos frontières et non aux frontières de l'Union européenne.

Des missiles Grad[1] ont atteint Marioupol, non les villes européennes. Et après six mois de bataille, l'aéroport de Donetsk a été détruit, non celui de Francfort. Cela a toujours chauffé dans la zone industrielle d'Avdiivka[2]. Cela y chauffait ces derniers jours et non à Montmartre. Et aucun autre pays européen ne sait ce que sont que les funérailles militaires tous les jours, dans toutes les régions. Aucun dirigeant européen ne sait ce que sont les rencontres régulières avec les familles des personnes décédées.

Qu'il en soit ainsi, nous défendrons notre belle terre, peu importe si nous avons cinquante mille, cent cinquante mille ou un million de soldats de quelque armée que ce soit à nos frontières. Pour véritablement aider l'Ukraine, il n'est pas nécessaire de dire combien de soldats et quel matériel militaire se trouvent sur la frontière. Pour véritablement aider l'Ukraine, il n'est pas vraiment nécessaire d'évoquer constamment la date d'une invasion probable. Nous défendrons notre terre le 16 février, le 1er mars et le 31 décembre. Nous

1. Camions lance-roquettes soviétiques et russes.
2. Zone industrielle dans l'oblast de Donetsk.

avons besoin de bien d'autres dates et tout le monde comprend parfaitement lesquelles.

Demain en Ukraine, c'est le jour de l'Ordre des Héros de la Centurie céleste[1]. Il y a huit ans, l'Ukraine a fait son choix et nombreux sont ceux qui ont donné leur vie pour ce choix. Huit ans plus tard, l'Ukraine doit-elle constamment appeler à la reconnaissance d'une perspective européenne ? Depuis 2014, la Russie est convaincue que nous avons choisi le mauvais chemin, que personne ne nous attend en Europe. L'Europe ne devrait-elle pas constamment dire et prouver par ces actes que ce n'est pas vrai ? L'Union européenne ne devrait-elle pas dire haut et fort que ses citoyens soutiennent l'entrée de l'Ukraine dans l'Union ? Pourquoi évitons-nous ces questions ? L'Ukraine ne mérite-t-elle pas des réponses honnêtes et directes ?

C'est aussi le cas de l'OTAN. On nous dit : la porte est ouverte. Mais jusqu'à présent, elle ne l'est qu'à ceux qui sont autorisés à entrer. Si

---

1. L'Ordre des Héros de la Centurie céleste est un ordre créé en 2014 à la mémoire des cent quatre personnes mortes lors des manifestations d'Euromaïdan.

ce ne sont pas tous les membres de l'Alliance qui veulent de nous ou si tous les membres ne veulent pas de nous, alors soyez honnêtes. Ouvrir les portes, c'est bien, mais nous avons besoin de réponses ouvertes et non pas de questions qui restent ouvertes pendant des années. Le droit à la vérité n'est-il pas notre meilleure option ? Le meilleur moment pour cela sera le prochain sommet à Madrid.

La Russie affirme que l'Ukraine cherche à rejoindre l'Alliance pour reprendre la Crimée par la force. C'est réconfortant de savoir que les mots « retour de la Crimée » font partie de leur rhétorique, mais ils n'ont pas lu avec attention l'article 5 de la Charte de l'OTAN selon lequel l'action collective sert à la défense et non à l'attaque. La Crimée et la région occupée du Donbass retourneront certainement à l'Ukraine, mais seulement de manière pacifique. L'Ukraine applique les accords de Normandie[1] et de

1. Le format dit « Normandie » vise à mettre fin à la guerre du Donbass par la voie diplomatique au moyen d'une série de rencontres entre les dirigeants de l'Ukraine et de la Russie, ainsi que de la France et de l'Allemagne, ces deux derniers pays faisant office de médiateurs. Ces trois parties constituent le Groupe de contact trilatéral (GCT).

Minsk[1] avec cohérence. Ils sont le fondement de la reconnaissance indiscutable de l'intégrité territoriale et de l'indépendance de l'État. Nous voulons une résolution diplomatique au conflit armé. Vous noterez : seulement sur la base du droit international.

Que se passe-t-il dans le processus de paix ? Il y a deux ans, le président français, le président de la Fédération russe, la Chancelière allemande et moi-même sommes tombés d'accord pour un cessez-le-feu total. Nous avons montré autant de retenue que possible dans un contexte de provocations permanentes. Nous avons constamment fait des propositions dans le cadre des accords à quatre de Normandie et du Groupe de contact trilatéral. Et que voit-on ? Des bombes et des balles venant de l'autre côté. Nos soldats et civils sont morts ou blessés et les infrastructures civiles sont détruites.

---

1. Le protocole de Minsk est un accord signé en 2014 à Minsk par l'Ukraine, la Russie et les représentants des Républiques populaires autoproclamées de Donetsk et de Louhansk (sans reconnaissance de leur statut par l'Ukraine), afin d'établir un cessez-le-feu dans le Donbass. Cet accord a été un échec. Les accords Minsk-II, signés en 2015, ont tenté d'établir un cessez-le-feu dans le Donbass avec davantage de succès.

Ces derniers jours ont été particulièrement représentatifs de cette situation. Nous avons été visés par des bombardements massifs avec des armes interdites par les accords de Minsk. Il est aussi extrêmement important de ne plus restreindre l'admission d'observateurs de l'OSCE dans la zone TOT[1]. Ils sont menacés. Ils sont intimidés. Toutes les issues humanitaires sont bloquées.

Il y a deux ans, j'ai signé une loi sur l'admission inconditionnelle des représentants d'organisations humanitaires auprès des prisonniers : ils ne sont tout simplement pas admis dans les territoires temporairement occupés. Après deux échanges de prisonniers, le processus a été bloqué, bien que l'Ukraine ait fourni la liste convenue. La torture inhumaine pratiquée dans les fameuses prisons d'isolement à Donetsk est devenue le symbole du non-respect des droits de l'homme. Les deux nouveaux checkpoints que nous avons ouverts en novembre 2020 dans la région de Louhansk ne fonctionnent toujours pas et nous sommes

---

1. La zone TOT désigne les territoires occupés des oblasts de Donetsk et de Louhansk.

témoins d'obstructions caractérisées sous les prétextes les plus divers.

L'Ukraine fait tout son possible pour faire progresser les discussions et résoudre les problèmes politiques. Dans le GCT, dans le processus de Minsk, nous avons fait des propositions, rédigé des lois, mais tout a été bloqué et personne n'en parle. L'Ukraine demande à débloquer immédiatement le processus de négociation. Cela ne veut pas dire que le processus de la paix se limite à ces actes. Nous sommes prêts à trouver les clés qui mettraient fin à la guerre sous toutes les formes et sur toutes les plateformes possibles : Paris, Berlin, Minsk. Istanbul, Genève, Bruxelles, New York et Pékin. Peu m'importe où dans le monde nous négocierons la paix en Ukraine. Peu importe si quatre, sept ou cent pays y participent, le plus important est que l'Ukraine et la Russie en fassent partie. Ce qui est réellement important c'est de comprendre que la paix est nécessaire non pas seulement pour nous, mais parce que le monde a besoin de la paix en Ukraine. La paix et la restauration de l'intégrité territoriale dans les frontières internationales reconnues. C'est le seul chemin. Et j'espère que personne ne pense à l'Ukraine comme à une zone tampon éternelle et pratique entre l'Ouest et la Russie. Cela n'arrivera jamais. Personne n'acceptera cela.

Sinon, qui sera le suivant ? Les pays de l'OTAN devront-ils se défendre ? J'ose espérer que l'article 5 du Traité de l'Atlantique-Nord sera plus efficace que le Mémorandum de Budapest[1]. L'Ukraine a reçu des garanties sécuritaires afin d'abandonner sa puissance nucléaire qui était la troisième au monde. Nous n'avons pas cette arme. Aussi, avons-nous perdu notre sécurité. Aussi, avons-nous perdu une partie de notre terre, dont l'étendue est plus grande que la Suisse, les Pays-Bas ou la Belgique. L'essentiel étant que ce sont des millions de nos citoyens que nous n'avons plus. Nous avons perdu tout cela.

1. Le Mémorandum de Budapest est un accord signé en 1994 par trois anciennes républiques socialistes soviétiques (l'Ukraine, la Biélorussie, le Kazakhstan) et par les États-Unis, le Royaume-Uni et la Russie. Cet accord garantit l'intégrité territoriales des trois premiers en contrepartie de leur adhésion au traité sur la non-prolifération des armes nucléaires, impliquant la destruction du stock d'armes nucléaires soviétiques stationnées dans ces pays ou leur restitution à la Fédération de Russie. La Russie a pris soin de ne pas ratifier cet accord.

Mais nous conservons quelque chose. Le droit de demander un changement dans la politique d'apaisement afin d'assurer la sécurité et d'obtenir des garanties de paix. Depuis 2014, l'Ukraine a essayé d'organiser des consultations avec les États garants du Mémorandum de Budapest. Trois fois sans succès. Aujourd'hui, l'Ukraine le fera une quatrième fois. En tant que président, je le ferai pour la première fois. Mais l'Ukraine et moi le faisons une dernière fois. J'engage une consultation dans le cadre du Mémorandum de Budapest. Le ministre des Affaires étrangères a reçu la mission de les organiser. Si elles ne sont pas tenues ou si leur résultat ne garantit pas la sécurité de notre pays, l'Ukraine aura tous les droits de croire que le Mémorandum de Budapest ne fonctionne pas et que tout le paquet de décisions de 1994 qu'il implique sera mis en question.

Je propose aussi d'organiser un sommet des membres permanents du Conseil de sécurité de l'ONU dans les semaines qui viennent, avec la participation de l'Ukraine, de l'Allemagne et de la Turquie, de manière à répondre aux menaces sécuritaires auxquelles l'Europe fait face et afin d'élaborer des garanties sécuritaires nouvelles et efficaces pour l'Ukraine. Il faut des garanties aujourd'hui, tant que nous ne serons pas membre de l'Alliance et que nous resterons de ce fait dans la zone grise – le vide sécuritaire.

Que peut-on faire d'autre ? Continuer à soutenir l'Ukraine et ses capacités de défense de manière efficace. Fournir à l'Ukraine des perspectives européennes claires, des moyens de soutien accessibles aux pays candidats et un calendrier clair et complet de notre entrée dans l'Alliance. Soutenir la transformation de notre pays. Établir un Fond de stabilité et de reconstruction pour l'Ukraine, un programme de crédits-bails, la fourniture des armes les plus récentes, des outils de fabrication et de l'équipement pour nos armées – une armée qui protège toute l'Europe. Développer un paquet de sanctions efficaces et préventives pour décourager les agressions. Offrir des garanties sécuritaires à l'Ukraine, assurer son intégration dans le marché énergétique européen quand Nord Stream 2[1] deviendra une arme pour la Russie.

---

1. Projet de gazoduc qui relie la Russie à l'Allemagne. Sa mise en service serait stratégiquement très favorable à la Russie.

Toutes ces questions ont besoin de réponses. Jusqu'à présent, nous n'avons eu que des silences à leur place. Et tant qu'il y aura du silence, il n'y aura pas de silence à l'est de notre État, c'est-à-dire en Europe. C'est-à-dire, dans le monde entier. J'espère que le monde comprendra finalement cela, que l'Europe le comprendra.

Mesdames et Messieurs,

Je remercie tous les États qui soutiennent l'Ukraine aujourd'hui.
Par leurs mots, leurs déclarations, leurs aides concrètes. Ceux qui sont de notre côté aujourd'hui, du côté de la vérité, du droit international. Je ne dirai pas votre nom, je ne veux pas que d'autres pays aient honte. Mais c'est là leur problème, leur karma et cela pèse sur leur conscience. Cependant, je ne sais pas comment ils feront pour expliquer la cause de leurs actions aux deux soldats tués et aux trois blessés aujourd'hui en Ukraine.

Et le plus important, à ces trois filles de Kyiv. L'une a dix ans, la seconde en a six et la troisième a un an. Aujourd'hui, elles n'ont plus de père. À six heures du matin, heure d'Europe centrale, quand le capitaine Anton Sydorov, officier des services de renseignement ukrainiens, a été tué par des tirs d'artillerie pourtant interdits par les accords de Minsk. Je ne sais pas à quoi il a pensé dans les derniers instants de sa vie. Il ne savait certainement pas de quel ordre du jour quelqu'un aurait besoin pour terminer une guerre. Mais il connaît la réponse précise à la question que je vous ai d'abord posée au début de mon discours. Il sait exactement qui ment. Que son souvenir ne s'éteigne jamais. Que le souvenir de tous ceux qui sont morts aujourd'hui et pendant la guerre à l'Est reste dans nos vies pour toujours.

Merci.

3.

Si c'est nous aujourd'hui,
ce sera vous demain

Aux Ukrainiens, publié sur les réseaux sociaux,
au matin de l'invasion russe – 24 février 2022

À 5 h 30 du matin, le président russe Vladimir Poutine annonce dans une allocution télévisée le déclenchement d'une « opération militaire spéciale » et appelle les soldats ukrainiens à déposer les armes. Peu après, l'Ukraine décrète la loi martiale. L'armée russe franchit la frontière ukrainienne sur quatre fronts simultanément, au nord vers Kyiv, au sud depuis la Crimée, au sud-est depuis le Donbass séparatiste, ainsi qu'à l'est vers Kharkiv. Immédiatement, les États-Unis, l'Union européenne et le Royaume-Uni menacent la Russie de sanctions lourdes mais déclarent qu'ils n'enverront pas de troupes en Ukraine.

Citoyens de l'Ukraine,

Qu'entend-on aujourd'hui ? Ce ne sont pas seulement des explosions, des missiles, des batailles, le rugissement des avions. C'est aussi le bruit d'un nouveau rideau de fer qui s'abat et sépare la Russie du monde civilisé. Notre devoir national est de faire en sorte que ce rideau ne traverse pas notre territoire ukrainien, et qu'il reste en Russie, chez eux.

L'armée ukrainienne, les gardes-frontière, la police et les services spéciaux ont arrêté les attaques de l'ennemi. Dans le langage du conflit, c'est ce que l'on appelle une pause opérationnelle. Dans le Donbass, nos forces armées font du très bon travail, la situation du côté de Kharkiv est particulièrement difficile, mais les forces de défense de la ville sont en action, elles sont fiables, ce sont celles de nos hommes. La situation la plus problématique aujourd'hui se situe dans le sud. Nos troupes sont engagées dans une lutte acharnée dans les banlieues de Kherson. L'ennemi exerce une poussée à partir de la Crimée occupée, en essayant d'avancer vers Melitopol. Dans le nord du pays, l'ennemi avance lentement vers la région de Tchernihiv, mais nous avons des forces qui les retiendront. Des défenses sûres ont été établies dans la région de Jytomyr. Des parachutistes ennemis sont bloqués à Hostomel, nos troupes ont pour ordre de les éliminer.

Oui, nous subissons malheureusement des pertes, la perte de nos héros. Oui, nous avons capturé des soldats russes. Nos médecins soignent certains d'entre eux – ceux qui se sont rendus. De nombreux avions russes et de nombreux véhicules armés ont été détruits. Oui, nous observons que de nombreux Russes sont choqués par ce qui est en train de se passer. Des Russes sont déjà en train d'exprimer leur opposition à la guerre sur les réseaux sociaux. Nous le voyons. Mais il est peu probable que le gouvernement de la Fédération de Russie le voie.

Alors, s'il vous plaît, si vous nous écoutez, si vous nous comprenez, si vous comprenez que vous attaquez un pays indépendant, allez sur les places et adressez-vous au président de votre pays.

Nous sommes ukrainiens. Nous sommes sur notre terre. Vous êtes russes. Votre armée vient de commencer une guerre. Une guerre sur le territoire de notre État. J'aimerais beaucoup que vous dénonciez cela sur le Place Rouge, ou dans n'importe quelle autre rue de votre capitale, à Moscou, à Saint-Pétersbourg et dans d'autres villes de Russie. Pas seulement sur Instagram – c'est très important.

Que voyons-nous à présent ? Pour la communauté mondiale, la Russie devient comme la soi-disant RPD[1], c'est-à-dire qu'elle entre dans un isolement total. Je suis en relation constante avec les dirigeants des pays partenaires et des organisations internationales. La Russie a déjà subi les premières sanctions d'un large paquet qui est le plus puissant de l'Histoire du monde.

Personne ne pourra nous convaincre ou nous obliger, nous les Ukrainiens, d'abandonner notre liberté, notre indépendance, notre souveraineté. Il semble que les dirigeants russes essaient de nous y pousser en détruisant le potentiel même de leur pays. Tout ce que la Russie a fait depuis les

---

1. République populaire du Donetsk, reconnue comme russe par le président Poutine le 21 février 2022.

années 2000 peut maintenant être brûlé vif devant le monde.

Nous insistons sur le fait que l'Ukraine n'a pas choisi le chemin de la guerre. L'Ukraine offre de revenir à la paix.

Que peuvent faire les Ukrainiens ? Aider à la défense nationale. Rejoindre les rangs des forces armées ukrainiennes et les unités de défense territoriale. Chaque citoyen qui a de l'expérience au combat sera utile. L'avancée possible de l'ennemi sur le territoire de notre État indépendant dépendra de vous et de nous tous. S'il vous plaît, aidez les groupes de volontaires et le système de santé, par exemple en donnant votre sang.

Aux politiciens et aux responsables des communautés : aidez les gens, essayez de leur assurer une vie normale dans la mesure du possible. Tout le monde doit prendre soin de ses êtres chers, prendre soin de ses voisins et de ses connaissances qui en ont besoin. Le devoir des journalistes, qui est important, est de défendre notre démocratie et la liberté en Ukraine.

J'ai parlé aujourd'hui avec de nombreux dirigeants – Royaume-Uni, Turquie, France, Allemagne, Union européenne, États-Unis, Suède, Roumanie, Pologne, Autriche et d'autres.

Si vous, chers dirigeants européens, chers dirigeants mondiaux, dirigeants du monde libre, si vous ne nous aidez pas aujourd'hui, demain ce sera à votre porte que la guerre frappera.

Gloire aux forces armées ukrainiennes !
Gloire à l'Ukraine !

4.

La cible n° 1

Aux Ukrainiens, publié sur les réseaux sociaux
– 25 février 2022

À la fin de la première journée de combat, le bilan est lourd pour les Ukrainiens. L'état-major prétend avoir détruit soixante-quatorze cibles militaires dont l'aéroport international de Boryspil. Des affrontements ont eu lieu aux alentours de Kyiv, d'Odessa et de Marioupol et la centrale nucléaire de Tchernobyl est tombée aux mains des forces russes. Alors que les États-Unis déploient sept mille soldats supplémentaires en Allemagne et que les forces de l'OTAN renforcent leurs contingents dans les pays frontaliers de l'Ukraine, les partenaires de l'Ukraine annoncent le début d'une série de sanctions qui visent l'économie et le système financier russe. En Russie, mille quatre cents arrestations ont eu lieu lors de manifestations contre la guerre.

Gloire aux forces armées ukrainiennes !

Hommes et femmes, nos défenseurs ! Vous défendez brillamment notre nation contre l'un des plus puissants pays au monde. Aujourd'hui, la Russie attaque le territoire entier de notre État. Et aujourd'hui nos défenseurs ont fait beaucoup. Ils ont défendu presque l'intégralité du territoire de l'Ukraine, qui a souffert de coups appuyés. Ils ont reconquis ce que l'ennemi avait réussi à occuper, tel Hostomel, à côté de Kyiv. Cela renforce la confiance en notre capitale.

Selon les premières données, malheureusement, nous avons perdu cent trente-sept héros aujourd'hui – nos concitoyens. Dix sont des officiers. Trois cent seize sont blessés. Sur l'île de Zmiïnyï, en la défendant jusqu'à la fin, tous les gardes-frontière sont morts héroïquement. Ils n'ont pas abandonné. Ils seront tous décorés de manière posthume du titre de Héros de l'Ukraine. Que le souvenir de ceux qui ont donné leur vie pour l'Ukraine vive à jamais. Je suis reconnaissant à chacun de ceux qui sauvent des vies maintenant et qui contribuent à maintenir l'ordre dans l'État.

L'ennemi ne frappe pas seulement les installations militaires, comme il le prétend, mais aussi les civils. Il tue des gens et fait de villes pacifiques des objectifs militaires. C'est vil et ça ne sera jamais pardonné.

Je sais que beaucoup de fausses informations sont constamment diffusées. Je serais selon celles-ci déjà parti de Kyiv, je reste dans la capitale, je reste avec mon peuple. Pendant la journée, j'ai tenu des dizaines de discussions internationales, j'ai directement géré les affaires de notre pays. Et je resterai dans la capitale. Ma famille est aussi en Ukraine. Mes enfants sont aussi en Ukraine. Ma famille n'est pas une famille de traîtres. Ils sont des citoyens ukrainiens. Mais je n'ai pas le droit de dire où ils se trouvent en ce moment. Selon nos informations, l'ennemi m'a désigné comme étant la cible numéro un. Ma famille est la cible numéro deux. Ils veulent détruire l'Ukraine politiquement en détruisant son chef d'État. Nous avons aussi été informés que des groupes de sabotage ennemis sont entrés dans Kyiv. C'est pourquoi j'appelle les habitants de Kyiv, vraiment, à être extrêmement prudents et à suivre les règles du couvre-feu. Je reste dans le quartier gouvernemental avec tous ceux nécessaires au fonctionnement du gouvernement central.

Peu importe le nombre de conversations que j'ai eues avec les dirigeants de différents pays aujourd'hui, on m'a répété certains propos. La première chose étant que l'on nous soutient. Et je suis reconnaissant envers tout État qui aide l'Ukraine concrètement et non seulement par les mots. Mais ce n'est pas tout – nous sommes laissés seuls pour défendre notre État. Qui est prêt à se battre à nos côtés ? Honnêtement – je ne vois pas grand monde. Qui est prêt à garantir l'entrée de l'Ukraine dans l'OTAN ? Honnêtement, tout le monde a peur. Aujourd'hui, nous avons entendu que Moscou voulait encore discuter avec nous. Ils veulent discuter d'un statut de neutralité de l'Ukraine.

Je le dis à tous nos partenaires : l'heure est importante – le destin de notre pays est en train d'être décidé. Je leur demande : êtes-vous avec nous ? Ils répondent qu'ils sont avec nous. Mais ils ne sont pas prêts à nous inclure dans l'Alliance. Aujourd'hui, j'ai demandé aux vingt-sept dirigeants de l'Europe si l'Ukraine sera intégrée dans l'OTAN. Je l'ai demandé directement. Mais tout le monde a peur. Ils ne répondent pas. Nous ne craignons pas la Russie. Nous ne craignons pas de parler avec la Russie. Nous ne craignons pas de tout envisager à propos des garanties sécuritaires de notre État. Nous ne craignons pas de parler d'un statut de neutralité. Nous ne sommes pas dans l'OTAN. Mais le principal étant : quelles garanties sécuritaires vont nous être données ? Et quels pays spécifiquement nous les donneront ?

Nous devons parler de la fin de cette invasion. Nous devons parler d'un cessez-le-feu. Mais à présent, le destin de notre pays dépend entièrement de notre armée, de nos héros, de nos forces de sécurité, de nos défenseurs. Et de notre peuple, de votre sagesse, du large soutien de tous les amis de notre pays.

Gloire à l'Ukraine !

5.

Battez-vous contre la guerre

Aux Ukrainiens, publié sur les réseaux sociaux
– 25 février 2022

L'invasion gagne du terrain : la ville de Soumy a été enlevée par les forces russes et de violents combats s'y déroulent. Des missiles ont touché Kyiv. Les effectifs de l'armée ukrainienne s'accroissent, l'armée et les forces territoriales ayant été rejointes par de nombreux volontaires civils. Le nombre de réfugiés ayant quitté l'Ukraine dépasse cinquante mille. La participation de la Russie au Conseil de l'Europe a été suspendue et les sanctions américaines visent désormais les institutions financières russes. Le président Poutine réaffirme son objectif de « dénazifier » l'Ukraine, revendication sans fondement, les forces d'extrême droite étant très minoritaires dans le pays et le président ukrainien étant lui-même d'origine juive. L'Agence internationale de l'énergie atomique relève une hausse du niveau de radioactivité sans qu'elle présente, pour le moment, de gravité particulière.

Après treize jours à se défendre, à quatre heures du matin, les forces russes ont repris les tirs de missiles sur le territoire de l'Ukraine. Elles disent ne pas prendre les objets civils pour cible. C'est un mensonge. En réalité, elles ne tiennent aucun compte de la nature de leurs cibles.

Comme hier, les militaires et les civils sont unanimement visés par les attaques russes. Le but de ces attaques est de faire pression sur vous, les citoyens d'Ukraine, de faire pression sur la société tout entière. Je le souligne : de faire pression non pas seulement sur le gouvernement mais sur tous les Ukrainiens. Aujourd'hui encore plus qu'hier. Nos hommes et nos femmes, tous les défenseurs de l'Ukraine, n'ont pas laissé l'ennemi réaliser son projet d'invasion dès le premier jour. Les Ukrainiens ont fait preuve d'un véritable héroïsme, l'ennemi a été arrêté presque partout.

Les batailles font rage. Les attaques russes continuent avec l'intention d'épuiser nos troupes, mais personne n'est épuisé. Les forces ukrainiennes de défense aérienne protègent notre ciel, le maximum possible. Les avions ennemis opèrent traîtreusement sur des zones résidentielles, y compris notre capitale. Des explosions terribles dans le ciel matinal à Kyiv, des bombardements frappant une maison, le feu – tout cela nous rappelle les premières attaques de ce genre sur notre capitale qui eurent lieu en 1941[1].

Ce matin, nous défendons seuls notre État, comme hier. Les forces les plus puissantes du monde nous observent. Les sanctions décidées hier ont-elles eu prise sur la Russie ? Nous entendons dans notre ciel et nous voyons sur notre terre que cela ne suffit pas. Les troupes étrangères tentent toujours d'étendre leur progression sur notre territoire.

Seules la solidarité et la détermination des Ukrainiens peuvent préserver notre liberté et protéger notre État. L'armée, les gardes-frontière, la Garde nationale, la police, les services de renseignement, la Force de défense territoriale – tout le monde fait son devoir. Il est aussi très important qu'aujourd'hui nos concitoyens fassent preuve

---

1. La bataille de Kyiv, qui a opposé les nazis aux forces soviétiques, a débuté le 23 août 1941 et s'est achevée le 26 septembre de la même année par l'entrée des troupes allemandes dans Kyiv.

d'endurance et d'un soutien mutuel maximal. Prenez soin de vos familles et de vos êtres chers, mais n'oubliez pas les gens qui vous entourent. Ceux qui sont célibataires, ceux qui sont âgés. Aidez-les avec de la nourriture. Aidez-les à trouver un abri quand il y a une alerte aérienne. Aidez-les à gagner l'accès à des informations officiellement vérifiées.

Arrêtez l'ennemi où que vous le voyiez. Le destin de l'Ukraine ne dépend que des Ukrainiens. Personne d'autre que nous-mêmes ne peut contrôler nos vies. Nous sommes sur notre terre, la vérité est de notre côté. Il ne sera pas possible de détruire notre caractère. Les missiles Kalibr[1] sont inefficaces contre notre liberté. La Russie devra nous parler, tôt ou tard. Parler des moyens d'arrêter la bataille et d'arrêter l'invasion. Plus tôt ces discussions commenceront, moindres seront les pertes russes.

Chers citoyens de la Fédération de Russie, comme je l'ai dit, ce soir, ils ont commencé à bombarder des zones résidentielles de la ville

---

1. Type de missile soviétique puis russe.

héroïque de Kyiv. Cela me rappelle beaucoup l'année 1941. À tous les citoyens de la Fédération de Russie qui sortent manifester, je veux vous le dire – nous vous voyons. Cela veut dire que vous nous avez vus. Cela veut dire que vous commencez à nous croire. Battez-vous pour nous. Battez-vous contre la guerre.

Chers citoyens ukrainiens,
Nous nous défendons ! Nous ne nous arrêtons pas !
Gloire à notre armée !
Gloire à l'Ukraine !

6.

Un terrorisme d'État

Aux Ukrainiens, publié sur les réseaux sociaux
– 1ᵉʳ mars 2022

Alors que les troupes russes se sont emparées de Melitopol, occupent une partie de Kherson et ont lancé l'offensive contre Marioupol, la communauté internationale s'indigne des frappes contre les populations civiles, notamment à Kharkiv. La stratégie russe s'esquisse déjà : les troupes encerclent des centres urbains et bombardent ensuite les zones d'habitation, instaurant la terreur dans les villes assiégées. Des forces tchétchènes ont rejoint l'armée russe et, dans le même temps, les forces séparatistes de l'est de l'Ukraine les ont rejointes sur les rives de la mer d'Azov. La résistance ukrainienne semble néanmoins bien plus vigoureuse que ne l'anticipaient les Russes. Les premiers pourparlers entre belligérants, qui se sont tenus à la frontière biélorusso-ukrainienne le 28 février, n'ont débouché sur aucun résultat.

L'Union européenne débloque une aide militaire de cinq cent millions d'euros et les États-Unis ajoutent trois cent cinquante millions de dollars, élevant l'aide totale à l'Ukraine au cours de cette année à plus d'un milliard de dollars. L'UE et les USA s'accordent pour exclure certaines banques russes du système de communication SWIFT alors que les premières sanctions commencent à faire leur effet : les taux d'intérêt russes ont doublé et le rouble est en chute libre. La Russie nie toujours avoir frappé des cibles civiles.

Kharkiv. Frappe d'un missile de croisière. Sur la place la plus vaste d'Europe. La place de la Liberté. Des dizaines de victimes. Voilà ce qu'est le prix de la liberté. Voilà ce que fut la matinée du peuple d'Ukraine.

Kharkiv l'Ukrainienne et Belgorod la Russe ont toujours été des villes très proches et ce, de nombreuses manières. Même nos frontières ont toujours été conditionnées, existant sur les cartes et non dans les esprits. Non dans les esprits. Maintenant tout a changé. Après le missile de croisière qui a frappé Karkhiv depuis Belgorod.

Le missile qui a touché la place de la Liberté. Le visage de notre Kharkiv. C'est de la terreur contre cette ville. Il n'y avait aucun objectif militaire sur cette place. Comme dans les zones résidentielles de Kharkiv touchées par des obus d'artillerie. Le tir d'un missile qui visait la place centrale est un acte de terreur patent et qui ne s'en cache même pas. Personne ne le pardonnera. Personne n'oubliera. Cette attaque contre Kharkiv est un crime de guerre. C'est le terrorisme d'État de la Fédération de Russie. Après cela, la Russie devient un État terroriste. Évidemment. Et cela doit être dit officiellement. Nous appelons à tous les pays du monde à répondre immédiatement et efficacement aux tactiques criminelles des agresseurs et à déclarer que la Russie est coupable de terrorisme d'État. Nous demandons que soit reconnue une responsabilité totale des terroristes devant les tribunaux internationaux.

Kharkiv et Kyiv sont en ce moment les principaux objectifs de la Russie. La terreur a pour but de nous briser. De briser notre résistance. Ils se dirigent vers notre capitale et vers Kharkiv. Ainsi, la défense de la capitale est-elle la priorité de l'État. Toutes les villes ukrainiennes doivent faire leur possible pour arrêter l'ennemi. Les autorités civiles et militaires de chaque ville en ont la responsabilité. Mais Kyiv est particulière. Si nous protégeons Kyiv, nous protégerons notre État. C'est le cœur de notre pays. Et il doit continuer de battre. Et il continuera de battre pour que la vie triomphe.

Chers résidents de Kyiv ! La défense de la capitale prime. C'est pour cette raison que j'ai décidé de nommer un officier de métier responsable de l'administration militaire de la ville de Kyiv pour la durée de la guerre. Pour garantir la défense de la ville. Pour arrêter la progression de l'ennemi vers notre capitale. Pour assurer au peuple de Kyiv tout ce dont il a besoin. Le responsable de l'administration militaire sera le général Mykola Mykolayovych, qui a servi comme commandant des forces de soutien. À un haut niveau, il a organisé le soutien technique des opérations militaires des forces armées ukrainiennes en 2014-2015. Il sert actuellement comme expert d'État au Service de sécurité militaire du Conseil de défense et de sécurité nationale. Vitali Klitschko est toujours le maire de Kyiv. Il aura sa propre sphère de responsabilité. Et maintenant, c'est une mission conjointe du maire et du responsable de l'administration militaire. Après la guerre, tout reviendra à la normale dans la capitale.

Pour ce qui est de nos diplomates. Ils mettent en œuvre des décisions justes et tout à fait nécessaires envers les États qui ont bafoué leur parole et les lois internationales. Nous avons immédiatement rappelé l'ambassadeur du Kirghizistan pour consultation parce que ce pays a soutenu l'agression contre l'Ukraine. Nous avons immédiatement rappelé notre ambassadeur en Géorgie, en raison des difficultés faites aux volontaires qui veulent nous aider et de l'attitude immorale de la Géorgie envers les sanctions qui ont été décidées.

J'aimerais m'adresser à ceux dont la conduite est un exemple de la plus haute distinction morale : les médecins. Vous sauvez des vies chaque minute. Continûment. Et maintenant. Votre action constitue l'une de nos principales lignes de défense. Restez formidables. Des milliers de vies ont été sauvées en cinq jours. Je suis reconnaissant également envers tous ceux qui ont fourni à nos concitoyens tout ce dont ils avaient besoin pour vivre dans ces conditions extrêmement difficiles.

La nourriture, l'énergie, les médicaments. Je remercie les Ukrainiens ordinaires, qui arrêtent les tanks de leurs mains nues, repoussent l'envahisseur hors des bâtiments publics par la force de l'esprit et marquent de la honte leur présence en Ukraine. Pour leur montrer qu'ils sont tous des étrangers ici. Voilà ce qu'est une guerre du peuple. Voilà ce qu'est le peuple d'Ukraine.

Gloire à l'Ukraine !

7.

Soixante-dix-neuf

Au Parlement italien et à tous les Européens
– 2 mars 2022

Le monde condamne presque unanimement les exactions russes en Ukraine. Une résolution dans ce sens de l'Assemblée générale des Nations unies reçoit le vote de cent quarante-trois pays, plus trente-cinq abstentions et cinq votes contre, de la Russie, de la Biélorussie, de la Syrie, de la Corée du Nord et de l'Érythrée. La Géorgie forme une demande d'adhésion à l'Union européenne. La Banque mondiale a préparé un paquet d'aide de trois milliards de dollars. À ce jour, deux cent vingt-sept civils ont été tués. Dans le monde entier, des centaines de milliers de manifestants se sont mobilisés contre la guerre.

À tous les amis de l'Ukraine !

À tous les amis de l'Europe, à tous les amis de la liberté !

Je sais que vous êtes plus de cent mille à travers le monde aujourd'hui. Plus de cent mille sur les places de nombreuses villes. Nous, Ukrainiens, en sommes reconnaissants. Et maintenant, je demande à chacun d'entre vous, sur chacune des places, de vous souvenir du nombre soixante-dix-neuf.

Vous comprendrez bientôt ce que cela veut dire. Je vais vous dire maintenant ce que cela veut dire pour nos vies, pour chacun d'entre nous. Je le dirai à tous ceux des centaines de milliers et millions qui nous écouteront plus tard.

Nous subissons en Ukraine une guerre terrible. L'Europe n'a pas vu un tel conflit depuis la Seconde Guerre mondiale. Nous n'avons pas déclenché cette guerre. C'est une invasion cynique et brutale du territoire de l'Ukraine par la Russie. C'est une guerre contre le peuple ukrainien, contre des gens sincères et pacifiques que, j'en suis sûr, vous avez très bien connus pendant nos années d'indépendance. Et vous avez vu à quel point nous vous ressemblons. Nous accordons la même valeur à la liberté. Nous accordons la même valeur à l'égalité. Nous voulons tout autant vivre. Nous voulons tout le meilleur, le plus extraordinaire pour nos enfants, pour nos familles, mais à présent, nous et vous vivons différemment.

Maintenant que la guerre a commencé et qu'elle a causé la mort de milliers de gens. Et soixante-dix-neuf enfants sont déjà morts. Soixante-dix-neuf enfants ! Je suis certain que vous possédez tous des photos de vos êtres chers. Chez vous ou sur vos téléphones, que vous pouvez regarder quand votre cœur l'exige. Des photos de vos enfants, de vos parents, des photos des êtres qui vous sont chers. Sans en être conscients, nous sommes toujours convaincus que ces photos ne seront pas les dernières. Parce que nous pensons être témoins de l'évolution des êtres qui nous sont chers. Que nous pourrons voir à quel point ils sont heureux. Comment nos enfants grandiront, comment ils iront à l'université, comment ils commenceront à travailler. Comment ils deviendront eux-mêmes parents. Et après, comment nous jouerons avec etits-enfants, nous irons les chercher après ᴧe, et nous dînerons ensemble.

Des millions de gens vivent avec cet espoir, celui d'une vie paisible. Pour de nouvelles photos, de nouveaux souvenirs, de nouveaux moments de bonheur, dont notre État, l'Ukraine, est maintenant privé.

Tant que la guerre continue, nous nous trouvons dans des conditions profondément différentes des vôtres. Et quand vous êtes certains que vous et vos êtres chers avez un long avenir devant vous, un avenir normal, nous aussi voulons cela. Et nous sommes tout simplement heureux pour vous. Mais nous, ce que nous avons, nous l'avons peut-être pour la dernière fois. Et ces soixante-dix-neuf enfants ukrainiens. Soixante-dix-neuf familles ukrainiennes, détruites par cette guerre honteuse, par l'invasion conduite par la Russie. Soixante-dix-neuf familles qui ont perdu ce qu'elles ont de plus cher, mais qui sont néanmoins obligées de se battre. Elles sont obligées de se lever et de survivre. Et de se battre pour un avenir qui n'existe déjà plus pour elles. Sur ces photos, soixante-dix-neuf enfants morts pendant la guerre. Et que pouvons-nous faire... tous... le peuple ukrainien, européen, pour que ce nombre, soixante-dix-neuf, ne change pas, ne s'accroisse pas. Et pour que l'Europe n'oublie pas l'Ukraine. Soixante-dix-neuf !

Les soldats russes assiègent les villes ukrainiennes. Ils tentent de les détruire. Imaginez ! Des villes entières ! En 2022 ! En Europe. Notre Marioupol, la plus grande ville ukrainienne sur la mer d'Azov, soumise à un blocus total. Bombardée. Les soldats russes lancent des bombes et des missiles, ils ont même bombardé une maternité et un hôpital pour enfants à Marioupol. C'est la manifestation d'une haine tournée contre l'humanité. Ils tuent des enfants, détruisent des maternités et des hôpitaux pour enfants. Pourquoi ? Pour que les femmes ukrainiennes ne donnent pas naissance ?

Et c'est partout dans notre pays, partout en Ukraine, que l'invasion russe fait souffrir. Ils ont entrepris de détruire des dizaines d'hôpitaux, des centaines d'écoles et de maternelles. Ils détruisent des universités. Ils détruisent des zones résidentielles sous des tapis de bombes. Comment y survivre ? Qu'est-ce que cela veut dire pour les Ukrainiens, pour nos familles, pour nos enfants ? Qu'est-ce que cela veut dire quand on ne peut pas trouver la paix, même dans une église ? Parce que les bombes s'abattent jusque sur les églises !

Même les places... les mêmes places que les vôtres... de là où vous m'écoutez. Ils ont bombardé la grande place de la ville de Kharkiv – la place de la Liberté, la plus grande place d'Europe, d'aucune manière différente de vos places. Sauf qu'elle a été détruite par une attaque de missiles russes. Et on me demande constamment dans les interviews : comment l'Europe peut-elle aider l'Ukraine ?

Je pose la question différemment : comment l'Europe peut-elle s'aider elle-même ? Parce que cette guerre n'est pas seulement contre notre peuple, pas seulement contre les Ukrainiens. C'est une guerre contre les valeurs qui nous rassemblent. Contre notre aptitude à vivre. Vivez, ne tuez pas comme le font les militaires russes sur notre territoire.

Ressentez-vous en quoi nous sommes différents d'eux ? Nous vivons. Ils tuent. Nous sommes soixante-dix-neuf vies. Et ils sont soixante-dix-neuf morts. Je suis certain que vous voulez arrêter la guerre comme tous les Ukrainiens. Voilà pourquoi ma réponse à propos de l'aide dont nous avons besoin est logique, naturelle pour des millions de gens dans les démocraties. Vous devez faire pression.

De telles sanctions contre la Russie sont nécessaires pour que chaque soldat russe sache ce qu'il en coûte de tirer sur des civils. Nous avons besoin que de tels principes soient respectés par les entreprises européennes pour que l'État russe n'ait plus les moyens financiers de détruire nos vies.

Faites pression sur les entreprises de vos pays pour qu'elles quittent la Russie, pour que vous ne subventionniez pas indirectement cette guerre et cette tragédie. Dites à vos hommes et femmes politiques d'interdire le ciel au-dessus de l'Ukraine pour la protéger des missiles et des avions russes. De la part de ses soixante-dix-neuf enfants et des milliers d'adultes tués. Des milliers en sept jours.

Tout cela nous protégera. Nous sommes tous comme vous. Exactement les mêmes. Vous le savez.

Vous le sentez. Vous me voyez et vous le comprenez. Et vous savez que nous devons être ensemble dans la communauté des Européens. C'est très important pour l'Ukraine. Et c'est très important pour vous. Pour l'Europe. Parce que cela la renforcera. Cela protégera l'Europe. Cela arrêtera la guerre pour toujours. Cela prouvera que les vies des soixante-dix-neuf enfants prises par la guerre et pour sauvegarder la liberté n'auront pas été perdues en vain. Ils sont en vie. Ils vivent parmi nous et ils sont parmi les enfants d'Ukraine et d'Europe qui pourront être libres, qui pourront rêver, qui pourront vivre comme ils l'entendent. En paix. Et qui ne craignent pas d'être tués. Et qui n'ont pas à toujours chercher en permanence l'abri antiaérien le plus proche. Comme vous qui ne les cherchez pas non plus – vous, les centaines de milliers de personnes sur les places d'Europe qui m'écoutez en ce moment. Et comme les millions qui, j'en suis sûr, m'écouteront aussi.

Écoutez l'Ukraine. Soixante-dix-neuf. Pour l'Ukraine – 2022. Pour l'Ukraine, qui veut la paix. Et pour l'Europe, pour qui il est temps de choisir.

Choisissez l'Ukraine.
Pour la paix.
Pour nous tous.
Gloire à l'Ukraine[1] !

1. Lors de cette rencontre, un tiers des parlementaires italiens était absent. On connaît les liens entre les partis d'extrême droite italiens et le gouvernement russe.

8.

Ils ont voulu détruire l'Ukraine tant de fois et ils ont échoué

Aux Ukrainiens, publié sur les réseaux sociaux
— 3 mars 2022

Les bombardements s'intensifient sur Kharkiv et autour de Marioupol où un blocus sanglant a été instauré. L'Ukraine déplore trois cent cinquante morts civils et annonce plus de sept mille soldats russes tués. À la tribune de l'ONU, son représentant dénonce un génocide tandis que la Russie nie toujours toute exaction contre les populations civiles. Les pourparlers entre l'Ukraine et la Russie à la frontière biélorusse ont abouti à un accord sur des couloirs humanitaires vers les zones assiégées. Les oligarques sont visés par des sanctions internationales et, en Russie, se produit un véritable exode d'entreprises occidentales.

Peuple indestructible d'une Ukraine invincible !

Il y a exactement deux ans, le premier cas de Covid-19 a été décelé en Ukraine. La première journée de cette bataille fut extrêmement difficile. Nous étions unis et donc forts, et nous avons donc tenu. Il y a exactement une semaine, l'Ukraine a été attaquée par un autre virus. Une autre maladie. Qui fait souffrir de l'annexion et de l'occupation aiguë d'une terre étrangère. Il y a une semaine, à quatre heures du matin, la Russie a envahi notre Ukraine indépendante, notre terre. Une crise aiguë d'agression, de mégalomanie, de folie dans la persécution, de complexes psychologiques lourds et le résultat, ce sont des lanceurs de missiles. Des missiles d'artillerie. Des blindés et autres véhicules armés qui sont comme des sauterelles.

Les premières heures et les premiers jours de la guerre à grande échelle ont été extrêmement difficiles. Mais nous étions unis et donc forts et nous avons donc tenu. Et il en sera ainsi. Et nous continuerons à tenir. Nous tenons au point que les envahisseurs ont été obligés de changer de tactique. Les missiles et les bombes russes qui frappent les villes ukrainiennes sont l'aveu de ce qu'ils ne peuvent conduire aucune opération terrestre d'importance. Toutes les lignes de notre défense tiennent. L'ennemi n'a aucun succès dans aucune direction stratégique. Il est démoralisé. Il est maudit.

Kyiv a survécu à la nuit et a subi une autre attaque de missiles et de bombes. Notre défense aérienne a fonctionné. Kherson, Izyum et d'autres villes où l'envahisseur a lancé des attaques aériennes n'ont rien lâché. Tchernihiv, Soumy et Mykolaïv ont tenu leur ligne de défense. Odessa. Ils veulent aussi détruire Odessa, mais ils ne verront que le fond de la mer Noire. L'objectif de la Russie était la cathédrale de l'Assumption de Kharkiv. L'un des plus vieux monuments orthodoxes de la ville, un monument ukrainien. Pendant la guerre, la cathédrale sert d'abri aux résidents de Kharkiv. Un abri pour tout le monde, les croyants et les non-croyants. Pour tout le monde parce que tout le monde se vaut. Un lieu saint. À présent, il est abîmé par la guerre. Ils n'en ont même pas peur ! Ils aiment que Dieu ne punisse pas instantanément. Mais Il voit. Et Il répond. Des réponses qui ne peuvent être cachées. Il n'y a pas de bunker pour s'abriter de la réponse divine. Et nous restaurerons la cathédrale pour qu'aucune trace de la guerre n'y subsiste. Et même si vous détruisez toutes nos cathédrales et nos églises, vous ne détruirez pas notre foi sincère en Dieu, en l'Ukraine. La foi en les hommes. Nous reconstruirons toutes les maisons, toutes les rues, toutes les villes. Et nous disons à la Russie : apprenez ces mots de « réparation » et « contribution ». Vous rembourserez tout ce que vous avez fait à l'Ukraine. En intégralité. Et nous n'oublierons pas ceux qui ont péri, Dieu ne les oubliera pas.

Vous êtes venus détruire nos villes. Détruire notre peuple. Nous prendre ce qui nous est cher. Aux civils ukrainiens, vous avez coupé l'électricité, l'eau, le chauffage. Vous laissez les gens sans nourriture et sans médicaments. Vous bombardez les routes d'évacuation possibles. Il n'y a pas d'arme que vous n'utiliseriez pas contre nous, contre les citoyens libres d'Ukraine. Et maintenant, vous faites dire à vos propagandistes que vous allez envoyer de soi-disant colonnes humanitaires en Ukraine. Rappelez-vous, hommes sans Dieu : quand des millions de personnes vous maudissent, il n'y a rien qui vous sauvera.

Les Ukrainiens, dans les régions déchirées par la guerre, recevront de nous tout ce dont ils ont besoin. Les centres de coordination travaillent à plein régime. De véritables livraisons humanitaires sont en route. Notre gouvernement a déjà préparé un programme d'assistance spécial pour tous les Ukrainiens qui ont perdu leur travail. Maintenant. À cause de la guerre. Là où se déroule la bataille ! Tous les salariés, tous les propriétaires, chacun de nos concitoyens que la Russie a privé de travail recevra six mille cinq cents hryvnias sans aucune condition. Je le souligne en pensant en particulier aux Ukrainiens les plus âgés. Malgré la guerre, nous assurons le paiement complet de vos retraites. Des retraites indexées. En accord avec la loi. À partir du premier mars, les retraites des Ukrainiens sont réévaluées de 14 %. Les fonds ont déjà été envoyés aux banques. Tous les paiements seront assurés dans leur intégralité.

L'Ukraine reçoit tous les jours des armes de ses partenaires. De ses vrais amis. Des armes de plus en plus puissantes, tous les jours. L'Ukraine reçoit déjà des volontaires étrangers qui vont se battre pour notre pays. Les premiers de soixante mille autres. Ils vont défendre notre liberté. Défendre la vie. Nous défendre. Pour tous. Et ce sera une lutte victorieuse. J'en suis sûr.

Sur notre terre et dans notre Histoire, nous avons survécu à deux guerres mondiales, deux Holodomors[1], l'Holocauste, Babyn Yar, la Grande Terreur, l'explosion de Tchernobyl, l'occupation de la Crimée et la guerre à l'Est. Notre territoire n'est pas immense – il ne va pas d'un océan à un autre, il ne dispose pas d'armes nucléaires, nous ne déversons pas sur le marché mondial du pétrole et du gaz. Mais nous avons notre peuple et notre terre. Et pour nous – de l'or. Voilà ce pour quoi nous nous battons. Nous n'avons rien à perdre sinon notre liberté et notre dignité. Pour nous, ce sont les plus grands des trésors. Ils ont voulu nous détruire tant de fois. Ils ont échoué. Ils ont voulu nous effacer de la surface de la planète. Ils ont échoué. Ils nous ont poignardés dans le dos. Mais nous nous tenons debout. Ils ont voulu que nous nous taisions. Mais le monde entier nous a entendus. Nous avons tant enduré. Et si quelqu'un pense qu'ayant surmonté toutes ces épreuves, les

---

1. Terme qui désigne les famines en Ukraine pendant la période soviétique.

Ukrainiens, nous tous, avons peur, sommes brisés ou allons nous rendre, alors il ne comprend rien à l'Ukraine. Il n'a rien à faire en Ukraine. Qu'il rentre chez lui. Dans sa maison.

Protéger les populations russophones. Non pas à travers le monde. Mais dans votre pays. Il y en a cent cinquante millions là-bas. Et ici…

Gloire à l'Ukraine !

9.

La nuit qui aurait pu arrêter l'histoire

Aux Ukrainiens, publié sur les réseaux sociaux
— 4 mars 2022

Un missile russe s'est abattu dans l'enceinte de la centrale nucléaire de Zaporijia, qui a ensuite été prise. Soulignant le risque d'incident nucléaire, la communauté internationale a vivement condamné cette opération. Dans le même temps, l'armée russe a fait une grande avancée dans le sud, depuis la Crimée. Cette zone est d'une importance critique, car elle verrouille la route vers Odessa, l'un des poumons économiques les plus importants d'Ukraine et son principal débouché maritime. À Marioupol, la situation s'aggrave, les habitants sont privés de chauffage et commencent à manquer d'eau potable. Selon le Programme alimentaire mondial, la crise en Ukraine pourrait porter un risque de famine dans certaines régions du monde dépendantes en céréales de la Russie et de l'Ukraine.

Peuple d'Ukraine !

Nous avons survécu à la nuit qui aurait pu arrêter l'Histoire. L'Histoire de l'Ukraine. L'Histoire de l'Europe. Les soldats russes ont attaqué la centrale nucléaire de Zaporijia. La plus grande d'Europe. Un incident qui à lui seul pourrait être six fois plus grave que celui de Tchernobyl. Les blindés russes savaient ce sur quoi ils faisaient feu. Ils faisaient feu directement sur la centrale. Une telle terreur n'a pas de précédent.

Quinze réacteurs nucléaires en Ukraine. Et les soldats russes ont complètement oublié Tchernobyl. Ils ont oublié cette tragédie mondiale. Peuple russe, je m'adresse à vous. Comment est-ce possible ? Ensemble, en 1986, nous avons souffert des conséquences du désastre de Tchernobyl. Vous devez vous rappeler le graphite brûlant dispersé par l'explosion. Les victimes. Vous devez vous rappeler la lueur au-dessus du réacteur nucléaire détruit. Vous devez vous rappeler l'évacuation de Pripiat et de la zone de trente kilomètres alentour. Comment avez-vous pu l'oublier ? Et si vous n'avez pas oublié, vous ne pouvez pas rester silencieux. Vous devez le dire aux autorités, allez dans les rues et dites que vous voulez vivre. Vivre sur cette terre sans contamination radioactive. Les radiations ne savent pas où se trouve la frontière de Russie.

Toute la nuit, j'ai été en contact avec nos partenaires, avec les dirigeants d'autres pays, pour que le monde réagisse. J'ai eu le sentiment que les dirigeants du monde étaient choqués. La Grande-Bretagne convoquera une réunion du Conseil de sécurité des Nations unies à propos des attaques. L'AIEA[1] active son Centre des incidents et des urgences vingt-quatre heures sur vingt-quatre. Des sanctions immédiates contre les terroristes nucléaires sont nécessaires. La fermeture immédiate du ciel ukrainien est nécessaire, parce que c'est le seul moyen de garantir au moins que la Russie ne frappera pas de missiles et de bombes les installations nucléaires.

Je suis reconnaissant envers les héros de la Garde nationale qui ont protégé la centrale et ont tenté d'arrêter l'ennemi. Je suis reconnaissant envers les sauveteurs qui ont éteint l'incendie.

---

1. Agence internationale de l'énergie atomique.

Beaucoup dépend de gens ordinaires d'Enerhodar. Vous comprenez la menace contre la centrale mieux que quiconque. Vous y vivez. Juste à côté. Et vous voyez l'envahisseur directement. Repoussez-le. Laissez-le savoir qu'Enerhodar, c'est l'Ukraine. Que l'Ukraine n'a pas de place pour les cendres nucléaires.

Ukrainiens ! L'ennemi a déployé la grande majorité de ses soldats sur le territoire de notre État. La quasi-totalité de l'armée russe a été lancée contre notre peuple. Mais, en ce neuvième jour, la résistance héroïque des Ukrainiens a sauvé notre pays de l'invasion. Les villes ukrainiennes n'ont pas été témoins de semblables cruautés depuis l'occupation nazie. Tchernihiv, Okhtyrka, Kharkiv, Marioupol. Ils ont volontairement détruit des infrastructures civiles. Ils ont détruit des vies. Des quartiers résidentiels. Hier même, les bombes russes ont tué quarante-sept personnes à Tchernihiv. Des gens pacifiques. Kharkiv... Kharkiv est tout simplement en train d'être détruite par les missiles et les bombardements. La Russie... détruit... Kharkiv. Comment est-ce possible ? Ce matin à Jytomyr, un missile a touché une école.

Elle a atteint des enfants. Voici ce qu'est la réalité quand la Russie « fraternelle » arrive.

Hier, pendant les discussions de Biélorussie, nous sommes parvenus à convenir de la création de couloirs humanitaires, là où les gens souffrent le plus. Aujourd'hui, nous verrons si l'accord fonctionne.

Notre défense inflige des pertes maximales à l'ennemi. Presque neuf mille deux cents envahisseurs ont été tués. À compter du matin de la neuvième journée de guerre. Nous les avons battus près de Mykolaïv. Nous les avons battus près de Kharkiv. Nous les avons battus près de Kyiv. La capitale reste un objectif clé pour les envahisseurs. Mais ils ne nous casseront pas, ils ne casseront pas notre État. Jamais. Peu importe ce qu'ils font, ils perdront toujours. Parce que nous sommes chez nous. Nous sommes sur notre terre.

Ils manigancent constamment des provocations. Une est en train d'être ordonnée à Kherson. Ils vont organiser le spectacle d'une manifestation en soutien à la Russie. Pour faire cela, ils ont dû introduire des étrangers dans la ville. Ils cherchent des traîtres locaux. Ils veulent réaliser une émission télévisée comme si Kherson n'était plus ukrainienne. J'aimerais vous rappeler que c'est ainsi qu'ils ont institué les soi-disant « RPD »[1] et « RPL »[2]. Vous savez ce qui leur est arrivé. Cela doit être arrêté. Résidents de Kherson, montrez que c'est votre ville. Vous pouvez tout arrêter, le moindre plan de l'envahisseur. N'écoutez personne – écoutez vos enfants, écoutez votre cœur. Vous êtes des Ukrainiens.

J'exhorte les habitants de Kherson à se défaire du sentiment de désespoir. L'Ukraine n'abandonnera pas ce qui est sien. Nous nous battons contre un ennemi puissant, qui nous surpasse en nombre. Qui a plus de matériel que nous. Mais qui se trouve à des années-lumière des gens normaux, dignes. Montrez-le. Notre drapeau national. Notre hymne national. Faites savoir aux occupants qu'ils ne peuvent rester à Kherson que temporairement. Et qu'ils ne pourront jamais posséder Kherson. Comme n'importe quelle autre ville ukrainienne. Faites savoir à l'occupant qu'il

---

1. République populaire de Donetsk.
2. République populaire de Louhansk.

ne peut rester à Kherson que temporairement. Et qu'ils ne pourront jamais posséder votre propre ville. Comme n'importe quelle autre ville ukrainienne – une ville de notre État.

Gloire à l'Ukraine !

10.

Nous avons déjà gagné notre avenir

Aux Ukrainiens, publié sur les réseaux sociaux
– 6 mars 2022

Les bombardements sur Marioupol et Tchernihiv s'intensifient, faisant craindre une catastrophe. Les couloirs humanitaires pourtant acceptés par les Russes ont été par deux fois bloqués par eux, les 5 et 6 mars. Cependant, alors que les forces russes s'approchent de Kyiv, notamment par le sud, la résistance ukrainienne fait face à l'ennemi. De nombreuses manifestations ont eu lieu dans les villes occupées par les Russes, notamment à Kherson, et les effectifs de volontaires étrangers rejoignant les forces ukrainiennes ne cessent de s'accroître, atteignant les vingt mille hommes. Le nombre de réfugiés s'élève déjà à un million et demi, principalement des femmes et des enfants. Plusieurs pays, notamment Israël et la Turquie, se proposent comme médiateurs.

Je vous souhaite la victoire, Peuple ukrainien !

Je commencerai avec les paroles de soutien que j'ai reçues de nos partenaires étrangers. De nos amis. Des paroles très importantes, assorties de mesures concrètes. Tous les jours et toutes les nuits, je m'entretiens avec les dirigeants de nombreux pays, ainsi que les dirigeants de milieux d'affaires. Pendant tous ces jours de guerre, il n'y a pratiquement pas une heure sans que l'Ukraine ne reçoive des nouvelles de l'aide dont elle bénéficiera. J'en ai encore parlé hier soir avec le président Biden. Je lui suis reconnaissant de sa détermination. De préparer de nouvelles solutions pour l'Ukraine et les Européens. Davantage de nouvelles sanctions contre l'agression !

Je me suis adressé aux membres du Congrès américain. Plus de deux cents représentants des deux ailes du Congrès. Ils sont très sincères. Ils sont réellement désireux de nous aider, de nous fournir une aide concrète. Ce sont là des conversations qui nous confortent. Parce que celui qui est du côté de la lumière ne chutera jamais dans l'obscurité.

Le monde a le pouvoir d'interdire notre ciel aux missiles russes. Aux avions russes, aux hélicoptères. Si quelqu'un en doutait encore, l'Ukraine a besoin d'avions. C'est un fait, c'est simple. Quand vous en aurez la volonté. De rendre le ciel sûr. Le ciel d'Ukraine. Le ciel d'Europe. J'ai parlé avec le Premier ministre d'Australie. Et je suis reconnaissant envers les Australiens pour leur position morale à l'égard de l'importation d'armes russes. Il ne doit pas y avoir de port où un État terroriste peut faire des profits.

Les Premiers ministres albanais, bulgare et israélien soutiennent l'Ukraine. Une conversation avec Elon Musk, source d'inspiration. Avec un homme qui crée des fusées pour l'avenir. Au lieu de fusées qui servent à tuer au nom du passé. Nous avons parlé de la manière dont on gagne une guerre à notre époque. De notre coopération future. Après la victoire.

Le soutien qu'apportent à l'Ukraine le commerce mondial, les dirigeants des plus grandes entreprises n'est pas moins important que le soutien des dirigeants des nations. Quand le monde des entreprises se tient à votre côté et n'a pas peur, votre protection est double. Une arme triple. L'avenir est à vous.

Ukrainiens !

Nous avons déjà gagné notre avenir. Mais nous nous battons encore pour le présent. C'est très important. Nous nous battons afin de déterminer où se traceront nos frontières. Entre la vie et l'esclavage. Et ce n'est pas seulement notre choix. Les citoyens de la Russie font exactement de même en ce moment. Ces jours-ci. À cette heure. Entre la vie et l'esclavage. Aujourd'hui. Demain. Pendant cette semaine. C'est le moment où il est encore possible de vaincre le Mal sans dommage irréparable. Quand pour une prise de position, il menace d'un licenciement ou du fourgon cellulaire et pas encore du Goulag. Avec des pertes matérielles et non pas encore d'exécutions. Ne manquez pas cette chance. Réseaux sociaux, amis, connaissances, collègues, familles. Vous devez être entendus ! Nous, Ukrainiens, voulons la paix ! C'est une bataille pour votre pays. Pour le meilleur de ce qu'il a. Pour la liberté que vous avez vécue. Pour la richesse que vous avez connue. Si vous vous taisez maintenant, alors seule la misère plus tard parlera à votre place. Et seule l'oppression lui répondra.

Ne restez pas silencieux.

Les soldats russes capturés par nos défenseurs ont commencé à parler. Des centaines et des centaines de prisonniers. Parmi eux, des pilotes d'avion qui ont bombardé nos villes. Notre peuple pacifique. Nous avons entendu leurs témoignages. Nous avons vu des documents. Des cartes, des plans, qui n'ont pas été élaborés hier. Ce n'est pas une improvisation. C'est une guerre.

Ils ont préparé l'invasion exactement de cette manière. Cruellement, cyniquement. En violant consciencieusement les lois de la guerre. Ainsi Kharkiv, ainsi Tchernihiv, ainsi Soumy, ainsi Marioupol, et bien d'autres, bien d'autres villes héroïques ont fait face au mal absolu. L'atrocité.

Tout cela était planifié. Mais cela ne tuera pas notre humanité.

Malgré tout, nous traitons les prisonniers dans le respect de la Convention de Genève. Malgré tout, nos missiles ne frappent pas en représailles les infrastructures civiles russes ou biélorusses. Ni des lieux d'où des missiles sont tirés sur notre territoire tous les jours. Des colonnes de matériel militaire. D'aviation. Contre des populations pacifiques, tout cela contre nos villes pacifiques. Jytomyr, Korosten, Ovroutch, les banlieues de Kyiv, les villes du sud… Ils se préparent à bombarder Odessa.

Odessa !

Les Russes sont toujours venus à Odessa. Ils n'y ont ressenti que la chaleur d'Odessa. Que sa sincérité. Et maintenant quoi ? Ils bombardent Odessa ? L'artillerie contre Odessa ? Des missiles contre Odessa ?
Cela constituera un crime de guerre.
Ce sera un instant historique.

Ukrainiens !

Nous nous battons depuis onze jours. Pour la liberté. Pour notre État.
Nous avons tenu. Nous savons déjà comment nous reconstruirons notre pays. Nous établissons

déjà un Fonds spécial pour la reconstruction. Il y en a déjà quatre.

Un Fonds pour la reconstruction des propriétés et des infrastructures détruites. Un Fonds pour la reprise économique et la transformation. Un Fonds pour la dette publique et le remboursement. Un Fonds de soutien aux petites et moyennes entreprises. Et bien d'autres fonds de soutien à la population. Aux héros qui se battent pour notre État. Et ce n'est qu'un début. Et maintenant nous avons besoin de force, de sagesse, de volonté, de victoire, de paix !

La paix sauvera l'Ukraine.

Gloire à l'Ukraine !

11.

Laissez la guerre les nourrir

Aux Ukrainiens, publié sur les réseaux sociaux
— 7 mars 2022

Alors que les négociations entre Ukrainiens et Russes progressent selon Kyiv, Marioupol, Volnovakha, Soumy et Kharkiv ont vécu une nouvelle journée de bombardements meurtriers, visant notamment les populations civiles. Des couloirs humanitaires ont pu être ouverts vers les villes de Kharkiv, Kyiv, Marioupol et Soumy et l'étau de l'encerclement russe se resserre autour de la capitale. Poutine dément toujours la présence de conscrits et de réservistes en Ukraine et menace d'interrompre les livraisons de gaz par Nord Stream 1. Les États-Unis et l'Union européenne discutent d'une interdiction d'achat de pétrole russe.

Peuple pacifique d'un État belligérant,

Nous nous défendons contre l'invasion depuis déjà douze jours. Nous n'avons jamais voulu de cette guerre, qui a été amenée jusqu'à nous. Nous n'avons jamais rêvé de tuer, mais nous devons repousser l'ennemi. De nos terres et de nos vies.

Nous devons endurer ce qu'aucune autre nation européenne n'a vécu depuis quatre-vingts ans. Et c'est sur notre terre que sera décidé s'il y aura de nouvelles victimes de semblables agressions en Europe.

Je le dis aux dirigeants et je vois et j'entends leur accord. Nous décidons de l'avenir de ce continent. Par notre résistance. Et nos amis, avec leur aide. J'ai encore parlé avec le président polonais Andrzej Duda. Les Polonais nous aident. Qu'ils continuent leurs efforts. Je me suis entretenu avec le Premier ministre du Royaume-Uni Boris Johnson et avec le Premier ministre d'Italie, Mario Draghi, avec le président Emmanuel Macron et le Premier ministre de l'Inde, Modi. J'ai reçu des signaux forts qui, j'en suis sûr, renforceront encore l'Ukraine. Dans nos conversations, les thèses que nous soutenons sont rigoureusement rationnelles. Elles sont justes, honnêtes. Si l'invasion continue et que la Russie n'abandonne pas ses plans contre l'Ukraine, alors un nouveau paquet de sanctions sera nécessaire. De nouvelles sanctions, de nouvelles sanctions contre la guerre et pour la paix.

Le boycott des exportations russes. En refusant, en particulier, les produits à base de carburant et de pétrole russes. On peut appeler cela un embargo, ou tout simplement de la moralité. C'est refuser de donner de l'argent à un terroriste. Bloquez les importations de la Russie. S'ils ne veulent pas appliquer des règles civilisées, ils ne doivent pas recevoir les biens et les services de la civilisation. Laissez la guerre les nourrir.

La communauté internationale doit agir de manière encore plus décisive. Quand quelqu'un perd la tête, nous devons abandonner nos peurs et oublier les intérêts commerciaux. Nous devons nous défendre. Vous devez être moraux. Les États tout comme les entreprises. Nous devons nous battre contre les forces inhumaines qui veulent détruire l'humanité elle-même.

Le succès de l'armée ukrainienne. La volonté du peuple ukrainien. Les principes auxquels répondent les sanctions internationales. Voilà le chemin de la paix. Le soir, les envahisseurs ont fait feu sur Mykolaïv. Délibérément sur des zones résidentielles. En faisant usage d'obus d'artillerie. Ils ont fait feu sur Kharkiv, sur les zones résidentielles d'une ville pacifique. Ils ont fait feu sur d'autres villes de notre État. Sans aucune justification militaire. De la pure terreur.

Aux résidents d'Irpin, Boutcha, Hostomel, et de bien d'autres villes et villages que l'envahisseur a réussi à saisir et qu'il tient en otage. Temporairement. Jusqu'à ce qu'il soit puni. Et il le sera. Nos forces armées savent comment y parvenir. L'ennemi est fatigué, il est démoralisé. Ils sont venus chercher sur notre territoire quelque chose qui ne s'y est jamais trouvé, la lâcheté, le consentement à l'esclavage.

Qui ne serait pas effrayé par la vue de maisons qui brûlent. C'est évident. Des ensembles de tours d'habitation détruits. De simples voitures détruites.

Des missiles, des bombes, des Grads, des mortiers. Contre les gens. C'est comme si c'était dans un autre pays. Mais c'est dans notre pays. Dans le nôtre, le nôtre et non ailleurs. Dans notre pays. Qui n'a jamais voulu que la paix et rien d'autre. Combien de morts et de pertes sont encore nécessaires pour sécuriser le ciel au-dessus de l'Ukraine ? En quoi les civils de Kharkiv ou de Mykolaïv sont-ils différents de ceux de Hambourg ou de Vienne ? Nous attendons une décision. Sécurisez notre ciel. Soit par les pouvoirs dont vous disposez, soit en nous donnant des avions de chasse et des défenses aériennes qui nous assureront la puissance dont nous avons besoin.

C'est l'aide que le monde devrait fournir, non seulement à l'Ukraine, mais à lui-même. Pour prouver que l'humanité vaincra. Dès que possible. Le gouvernement d'Ukraine œuvre déjà à la restauration de notre État après la victoire. Voilà comment donner davantage de force au pays quand nous nous battons. Un dispositif exceptionnel d'aide aux entreprises et aux employés a été institué. Les propriétaires individuels des première et deuxième catégories sont complètement dispensés de TSU[1]. Les entreprises et propriétaires individuels de la troisième catégorie sont dispensés de payer la TSU pour les employés qui ont rejoint les forces armées ukrainiennes et les autres formations de défense. En particulier la défense territoriale.

L'exonération de paiement des taxes foncières ainsi que des loyers d'État et des terres communales entre en vigueur dans tous les territoires où les hostilités se déroulent. Tout cela entre en vigueur sous la loi martiale et pour au moins un an après sa levée. Le paiement des impôts pour toutes les entreprises qui ne peuvent les régler est suspendu. Et c'est seulement la première partie d'un large dispositif d'aides. De soutien gouvernemental. Tous les cadres du gouvernement ont un devoir clair : développer des plans et des programmes visant à ce que le rétablissement de l'Ukraine soit rapide et focalisé uniquement sur les besoins des citoyens. D'abord, eux.

Pour que nous revenions tous à l'état de paix, au travail normal. Quand nous reviendrons à notre terre, quand la paix reviendra à notre terre.

1. Taxe sociale unifiée.

Je suis reconnaissant envers tous les chefs d'entreprise et les cadres qui continuent de travailler et de remplir leurs obligations auprès de leurs salariés. Les payer, même si l'entreprise ne fonctionne pas comme avant, c'est protéger l'Ukraine. L'État remplit toutes ses obligations. Les retraites indexées ont déjà été payées. Les salaires dans la sphère publique ont été payés comme il se doit.

Ukrainiens !

Nous sommes des millions. Et il y a des millions de manières de se battre pour notre avenir. Pour notre État. Pour notre liberté. Pour notre drapeau. Bleu et jaune. Et non pas tricolore. Nous défendrons notre drapeau parce que c'est notre vision du monde. Sous le bleu et jaune, nous avons remporté des victoires aux Jeux olympiques. Nous avons déployé ce drapeau dans l'espace et en Antarctique. Sous notre drapeau, nos sauveteurs, pompiers, gardiens de la paix, médecins et tous ceux qui sont allés aider la Turquie, la Grèce, Israël, la Géorgie, l'Afghanistan, le Monténégro l'Inde, l'Italie, le Congo et bien d'autres pays.

Ce que nous n'avons jamais fait sous ce drapeau, c'est attaquer d'autres pays, prendre des terres étrangères, tuer des gens, des peuples pacifiques d'autres nations. La terreur et nous-même appartenons à des univers différents.

C'est pourquoi il n'y a pas de sang sur notre drapeau. Il n'y a et il n'y aura jamais de taches noires le souillant. Il ne s'y trouve et il ne s'y trouvera jamais de swastikas. Le drapeau de l'Ukraine, c'est la terre. Pacifique, fertile, dorée et sans blindés. C'est le ciel. Pacifique, clair, bleu, et sans missiles. C'est ainsi. Et il en sera ainsi.

Je le crois !
Je le sais.
Gloire à l'Ukraine !

12.

Je resterai ici

Aux Ukrainiens, publié sur les réseaux sociaux
– 7 mars 2022

Lundi. Le soir. Vous le savez, on disait autrefois : c'est dur le lundi. Il y a une guerre dans ce pays. Ainsi, tous les jours sont des lundis.

Nous sommes maintenant habitués à ce que tous les jours et toutes les nuits soient ainsi. Aujourd'hui, nous sommes au douzième jour. Le douzième jour de notre lutte. De notre défense. Chacun est sur le terrain, chacun travaille. Tout le monde est à sa juste place. Je me trouve à Kyiv. Mon équipe est avec moi. La Défense territoriale à pied d'œuvre. Les soldats sur leurs positions. Nos héros ! Les médecins, les sauveteurs, les transporteurs, les diplomates, les journalistes…

Tout le monde. Nous sommes en guerre. Nous contribuons tous à la victoire, qui sera assurément remportée. Par la force des armes, de notre armée. Par la force de la parole de notre diplomatie. Par les forces de l'Esprit, que le premier, le second et chacun d'entre nous détenons. Regardez notre pays aujourd'hui. Chaplynka, Melitopol, Tokmak, Novotroitske et Kherson. Starobilsk. Partout, le peuple se défend, même si, là-bas, ils n'ont pas d'armes. Mais c'est notre peuple et c'est cela leur arme. Ils ont le courage, la dignité et donc la capacité à sortir et à dire : je suis là, c'est à moi et je ne vous le donnerai pas, c'est ma ville. Ma communauté. Mon Ukraine.

Tous les Ukrainiens, hommes et femmes, qui ont manifesté contre l'envahisseur hier, aujourd'hui et manifesteront demain sont des héros. Vous et nous, lançons des cris d'une même voix à l'envahisseur. Nous nous tenons sur les places et dans les rues avec vous. Nous n'avons pas peur quand l'envahisseur ouvre le feu et tente de disperser la foule. Vous ne vous inclinez pas. Nous ne nous inclinons pas.

Et ceux qui n'ont eu de cesse de répéter : « Nous sommes un seul peuple » n'avaient certainement pas prévu une réaction d'une telle ampleur. Dans le sud de notre pays, un mouvement national a pris forme, une manifestation tellement puissante de « l'ukranité », que nous n'avions jamais vue à ce point. Pour la Russie, c'est comme un cauchemar. Ils ont oublié que nous ne craignons pas les fourgons de police ni les bâtons. Que nous ne craignons pas les blindés et les mitrailleuses, quand l'essentiel est de notre côté : la vérité. Comme c'est le cas à présent.

Marioupol et Kharkiv. Tchernihiv et Soumy. Odessa et Kyiv. Mykolaïv et Jytomyr et Korosten et Ovroutch. Et tant d'autres villes. Nous savons que la haine apportée par l'ennemi dans nos villes, avec les bombes et les bombardements, ne durera pas. Elle ne laissera pas de traces. La haine n'est pas notre affaire. L'ennemi ne laissera pas de traces. Nous reconstruirons tout. Nous referons de nos villes détruites des villes bien meilleures que n'importe quelle autre ville en Russie. Enerhodar, Tchernobyl. Et tant d'autres lieux où les barbares ne comprennent tout simplement pas ce qu'ils veulent prendre. Ce qu'ils veulent contrôler. Vos efforts, vos grands efforts autour des cibles constituent de véritables exploits. Nous le voyons. Nous en sommes sincèrement reconnaissants.

L'armée ukrainienne tient ses positions. Bravo. Elle inflige des pertes extrêmement douloureuses à l'ennemi. Elle défend. Elle contre-attaque. Si nécessaire, elle peut se venger. Nécessairement. De tout le mal. De tous les missiles et de toutes les bombes. De chaque objet civil détruit.

Aujourd'hui à Makariv, dans la région de Kyiv, ils ont fait feu sur une fabrique de pain. Pourquoi ? Une vieille fabrique de pain ! Pensez-y : faire feu sur une fabrique de pain ! Qui devez-vous être pour faire cela ? Ou pour détruire une église, dans la région de Jytomyr, l'église de la Nativité de la Sainte Vierge, construite en 1862. Ce ne sont pas des êtres humains. Il existait un accord au sujet des couloirs humanitaires. Est-ce qu'ils ont fonctionné ? En leur place, ce sont les blindés russes qui ont fonctionné. Des Grads russes. Des mines russes. Ils ont même miné une route qui avait été choisie pour transporter de la nourriture et des médicaments vers les habitants et les enfants de Marioupol. Ils ont même détruit les bus qui devaient évacuer les gens. Mais… en même temps, ils ouvrent un petit couloir vers les territoires occupés. Pour quelques dizaines de personnes. Pas seulement vers la Russie, mais vers ses propagandistes. Directement vers leurs caméras de télévision. Comme si c'étaient eux qui sauvaient les vies. Du cynisme pur. De la propagande. Rien de plus. Aucun sens humanitaire.

Le troisième tour des négociations a eu lieu aujourd'hui en Biélorussie. Je voudrais pouvoir dire que c'est le troisième et dernier, mais nous sommes réalistes. Nous parlerons. Nous insisterons pour poursuivre les négociations jusqu'à ce que nous trouvions un moyen de dire à notre peuple : voilà comment nous viendrons à la paix. Précisément à la paix.

Nous devons prendre conscience de ce que chaque jour de lutte, chaque jour de résistance favorisent de meilleures conditions pour nous. Des positions fortes qui garantiront notre avenir. En paix. Après cette guerre.

En plus des morts et des villes détruites, la guerre laisse derrière elle des aspirations évanouies qui autrefois nous semblaient très importantes, mais maintenant... Vous ne les mentionnez même plus. Il y a presque trois ans, après l'élection, lorsque que nous sommes entrés dans ce bâtiment, dans ce bureau, et que nous avons immédiatement commencé à planifier nos démarches futures, j'ai rêvé de déménager de Bankova[1]. Avec le gouvernement et le parlement. Pour désengorger le centre de la ville et, de manière générale, pour déménager vers des bureaux modernes, transparents, comme il convient à une démocratie progressiste européenne.

À présent, je dirai une chose : je resterai ici. Je resterai à Kyiv. Rue Bankova. Je ne me cache pas. Je ne crains personne. Autant qu'il le faudra pour gagner cette guerre patriotique qui est la nôtre. Aujourd'hui, je signe un décret pour remettre la médaille d'État de l'Ukraine à quatre-vingt-seize héros ukrainiens – nos soldats.

Notamment :

L'Ordre de Bohdan Khmelnytsky du second degré conféré au commandant Oleksandr Oleksandrovych

1. Rue de Kyiv.

Sak. Commandant du bataillon mécanisé, qui a fait face au bataillon tactique de l'ennemi et qui a remporté le combat grâce à une approche et des tactiques non conventionnelles de combat.

Au capitaine Rostyslav Oleksandrovych Sylivakin, commandant du bataillon mécanisé, qui s'est battu avec succès contre les forces d'une supériorité écrasante de l'ennemi, libérant villes et villages ukrainiens dans la région de Soumy.

L'Ordre de Bohdan Khmelnytsky du troisième degré est conféré au lieutenant Ihor Serhiyovych Lozovyi, agissant au sein de ce groupe, il a arrêté une colonne de véhicules ennemis dont le nombre s'élevait à cent cinquante et qui se déplaçait dans la direction de la route Jytomyr-Kyiv. Détruite.

Au lieutenant Vitaliy Viktorovych Poturemets. Il a fait preuve d'un courage et d'un calme exemplaires au combat, en détruisant une colonne de matériels ennemis près de la ville de Kyiv. Il a été blessé.

L'Ordre du « Courage » du troisième degré est conféré au sergent-chef Valentyn Viktorovych

Baryliuk, commandant du peloton automobile. Merci pour ses actes de bravoure et son engagement personnel grâce auxquels l'unité de blindés a reçu du carburant à temps et réussi à éviter l'encerclement, en détruisant l'ennemi sur sa route.

Tous nos quatre-vingt-seize héros sont pareils à ces cinq-là ! Notre reconnaissance va à tous les militaires. Notre reconnaissance va aux forces armées ukrainiennes ! Notre reconnaissance n'a pas de limite.

Gloire à l'Ukraine !

13.

L'Ukraine est devenue grande

Au Parlement du Royaume-Uni
– 8 mars 2022

Six jours après la chute de Kherson, première ville à tomber aux mains des Russes, le président Zelensky s'adresse au Parlement britannique. Ce jour-là, l'offensive russe s'intensifie à Mykolaïv, sur la route d'Odessa, la troisième ville d'Ukraine et un point stratégique sur la mer Noire. Les puissances européennes et les États-Unis refusent toujours de promulguer une zone d'exclusion aérienne au-dessus de l'Ukraine, qui pourrait déclencher une guerre mondiale. Le 8 mars, le président Zelensky a déclaré qu'il était moins disposé à ce que l'Ukraine devienne membre de l'OTAN, et les États-Unis ont interdit toutes les importations de pétrole et de gaz provenant de Russie. Le Home Office britannique a reconnu le 30 mars n'avoir accordé que deux mille sept cents visas dans le cadre du programme d'accueil des réfugiés sans famille au Royaume-Uni, et seulement vingt-cinq mille dans le cadre du regroupement familial.

Monsieur le président, Monsieur le Premier ministre, Mesdames et Messieurs les membres du gouvernement et du Parlement, Mesdames et Messieurs les membres de la Chambre des Lords, Mesdames et Messieurs,

Je m'adresse à tous les citoyens du Royaume-Uni, à tous les citoyens de la Grande-Bretagne, ce grand peuple, qui porte une grande Histoire. Je m'adresse à vous en tant que citoyen et en tant que président d'un pays grand lui aussi, avec de grands rêves et de grandes luttes. Je veux vous parler de ces treize jours. Treize jours d'une guerre forcée que nous n'avons pas déclenchée et que nous ne voulions pas. Mais nous la mènerons parce que nous ne voulons pas perdre ce que nous possédons et ce qui est nôtre – l'Ukraine. De la même manière que vous ne vouliez pas perdre votre île quand les nazis se préparaient à lancer la bataille pour asservir votre grand pays, la Bataille d'Angleterre.

Le premier jour, à quatre heures du matin, des missiles de croisière ont été tirés sur nous. Nous nous sommes tous réveillés, nous, les enfants, tous, tout le peuple, toute l'Ukraine et nous n'avons pas dormi depuis. Nous avons tous pris les armes, devenant une grande armée.

Le lendemain, nous avons repoussé des attaques aériennes, terrestres et maritimes. Nos héroïques gardes-frontière sur l'île de Zmiïnyï dans la mer Noire ont fait savoir au monde entier ce que sera la fin de la guerre, c'est-à-dire où l'ennemi finira. Quand un navire a demandé à nos hommes d'abandonner leurs armes, ils ont répondu d'une manière tellement robuste que cela ne peut être répété devant le Parlement. Et nous avons senti la force de ce grand peuple qui poursuivra l'envahisseur jusqu'à sa fin[1].

---

1. Le 25 février, les treize gardes-frontière de l'île de Zmiïnyï, dans la mer Noire, également appelée l'île aux Serpents et qui se situe dans l'oblast d'Odessa, ont fait face à l'assaut maritime et aérien des forces russes. Lorsqu'un navire russe les a sommés de rendre les armes par communication radio,

Le troisième jour, les troupes russes ont ouvert le feu sur des civils et des appartements sans même s'en cacher. Ils ont fait usage de leur artillerie, de leurs bombes, et cela nous montra et montra au monde qui est qui. Qui est le grand peuple et qui sont les sauvages.

Le quatrième jour, alors que nous avions déjà commencé à capturer des dizaines de prisonniers, nous n'avons pas perdu notre dignité. Nous ne les avons pas maltraités, nous les traitons comme des hommes parce que nous sommes restés humains au quatrième jour de cette guerre honteuse.

Le cinquième jour, la terreur qui nous était infligée était déjà devenue flagrante : terreur contre les villes et les petits villages. Des quartiers détruits. Des bombes, des bombes, des bombes, toujours des bombes qui explosent sur les maisons, sur les écoles, sur les hôpitaux. C'est un génocide, mais qui ne nous a pas brisés. L'ennemi a mobilisé chacun d'entre nous et il nous a donné le sentiment d'une grande vérité.

---

les gardes-frontière ont répondu : « Allez vous faire foutre. » Ils sont morts sous les bombes.

Le sixième jour, des missiles russes ont atteint Babyn Yar. C'est le lieu où les nazis ont exécuté cent mille personnes durant la Seconde Guerre mondiale. Quatre-vingts ans plus tard, la Russie a tué à nouveau en ce lieu.

Le septième jour, nous avons réalisé qu'ils détruisaient même les églises. En utilisant des bombes ! Et encore des missiles. Ils ne connaissent pas le Grand et le Sacré comme nous les connaissons.

Le huitième jour, le monde a vu les blindés russes faire feu sur une centrale nucléaire, la plus grande d'Europe. Le monde a commencé à comprendre ce qu'était la terreur tournée contre nous. C'est la Grande Terreur.

Le neuvième jour, nous avons entendu les discours tenus lors d'une réunion des pays de l'OTAN mais sans le résultat que nous espérions. Sans courage. C'est comme cela que nous l'avons vécu – je ne veux offenser personne – mais nous avons eu le sentiment que les alliances ne marchent pas. Elles n'ont pas même le pouvoir de fermer le ciel. C'est pour cela que les garanties sécuritaires en Europe doivent être repensées à partir de zéro.

Le dixième jour, des Ukrainiens sans armes ont manifesté partout dans les villes occupées. Ils ont arrêté des véhicules armés à mains nues. Nous sommes devenus incassables.

Le onzième jour, quand les quartiers résidentiels avaient déjà été bombardés, quand tout avait été détruit par les explosions, quand des enfants avaient été évacués d'un hôpital d'oncologie endommagé, nous avons réalisé que les Ukrainiens étaient devenus des héros. Des centaines de milliers de personnes. Des villes entières. Des enfants, des adultes – tout le monde.

Le douzième jour, quand les pertes de l'armée russe avaient déjà dépassé les dix mille hommes, dont un général, cela nous a inspiré confiance : de tous leurs crimes, de tous les ordres honteux qu'ils ont donnés, ils seront tenus responsables par les tribunaux internationaux et par les armées ukrainiennes.

Le treizième jour, un enfant est mort dans la ville de Marioupol occupée par les Russes. Il est mort de déshydratation. Ils ne permettent pas aux gens d'avoir accès à l'eau ou à la nourriture.

Ils les ont tout simplement bloqués, alors que les gens se réfugiaient dans les sous-sols. Tout le monde doit entendre cela : les gens n'ont pas d'eau là-bas.

Pendant les treize jours de l'invasion russe, cinquante enfants ont été tués, cinquante martyrs. C'est terrible. C'est épouvantable, c'est le vide. Ces cinquante univers qui auraient pu vivre, ils nous les ont enlevés. Ils les ont pris.

Grande-Bretagne ! L'Ukraine n'a pas recherché ce qui lui arrive. Elle n'a pas recherché la grandeur. Elle est devenue grande pendant ces jours de guerre. L'Ukraine qui sauve les gens malgré l'horreur de l'invasion, qui défend la liberté malgré les coups de l'une des plus grandes armées au monde, qui se défend malgré le ciel qui est ouvert, toujours ouvert aux missiles russes, aux avions, aux hélicoptères.

« Être ou ne pas être ? » Vous connaissez bien cette question shakespearienne. Le treizième jour, elle peut toujours être posée à propos de l'Ukraine, mais pas maintenant. Car maintenant, évidemment, nous sommes et nous serons libres. Et sinon en ce lieu, où pourrais-je vous rappeler ces paroles que la Grande-Bretagne a déjà entendues par le passé et qui sont à nouveau d'actualité ?

Nous n'abandonnerons pas, et nous ne perdrons pas !
Nous irons jusqu'au bout.
Nous nous battrons sur la mer, nous nous battrons dans les airs, nous défendrons notre terre quel qu'en soit le coût.
Nous nous battrons dans les bois, dans les champs, sur les plages, dans les villes et les villages, dans les rues, nous nous battrons sur les monts et j'aimerais ajouter : nous nous battrons sur les terrils, sur les rives du Kalmious et du Dniepr ![1] Et nous ne nous rendrons pas.

Évidemment, cela est rendu possible par votre aide, l'aide des civilisations des grandes nations. De votre soutien, nous sommes reconnaissants et nous dépendons, c'est pour cela que je suis tout

---

1. Le Kalmious est l'une des deux rivières qui traversent Marioupol, le Dniepr étant le fleuve qui traverse une partie de l'Europe de l'Est, notamment l'Ukraine d'où il se jette dans la mer Noire.

particulièrement reconnaissant envers vous, mon ami Boris.

Renforcez les sanctions contre l'État terroriste, reconnaissez-le enfin comme tel. Trouvez un moyen de rendre sûr notre ciel ukrainien. Faites ce que vous pouvez. Faites ce que vous devez faire. Faites ce qui vous oblige par la grandeur de votre État et de votre peuple.

Gloire à la grande Ukraine ! Gloire à la Grande-Bretagne !

14.

Nous devons redonner confiance aux Occidentaux

Aux Ukrainiens, publié sur les réseaux sociaux
− 9 mars 2022

L'Ukraine annonce la mort de mille deux cent sept civils dans le siège de Marioupol et le bombardement d'une maternité ainsi que d'un hôpital pour enfants dans cette même ville. De nouveaux couloirs humanitaires ont pu être ouverts, notamment vers Soumy, Irpin et Kyiv. La communauté internationale craint l'usage par la Russie d'armes non conventionnelles et interdites, chimiques ou biologiques, qui pourraient avoir des conséquences désastreuses sur les populations civiles. La Russie reconnaît finalement la présence de conscrits en Ukraine.

Européens ! Ukrainiens ! Résidents de Marioupol !

Aujourd'hui est le jour qui décidera de tout. Qui décidera de qui est du côté de qui. Les bombes sont tombées sur un hôpital et une maternité. Un hôpital pour enfants. Une maternité en activité ! Les bâtiments sont détruits. À l'instant présent, il y a dix-sept blessés. Le déblayage des débris est en cours. Les gens se sont protégés à temps des menaces aériennes. Ils se sont mis à l'abri de bombes de 500 kg larguées par les envahisseurs sur les villes d'Ukraine, et ce à maintes reprises.

Un hôpital pour enfants. Une maternité. En quoi avaient-ils menacé la Fédération de Russie ? Quel genre de pays est la Fédération de Russie, qui craint les hôpitaux et les maternités et les détruit ? Visaient-ils des bandéristes[1] en bas âge ? Ou bien les femmes enceintes s'apprêtaient-elles

---

1. Le terme bandériste fait référence, de manière péjorative, aux organisations d'extrême droite en Ukraine. Stepan Bandera (1909-1959) est un homme politique nationaliste ukrainien qui a notamment collaboré avec les nazis.

à faire feu sur Rostov ? S'est-il trouvé quelqu'un dans la maternité qui ait maltraité des russophones ? Que s'est-il passé ? Était-ce la dénazification d'un hôpital ?

Nous sommes déjà au-delà de l'atroce. Tout ce que les envahisseurs ont fait à Marioupol va déjà au-delà de l'atrocité. Européens ! Ukrainiens ! Résidents de Marioupol ! Aujourd'hui, nous devons nous unir pour condamner les crimes de guerre de la Russie, qui reflètent tout le mal que les envahisseurs ont répandu sur notre territoire.

Toutes les villes détruites. Ce qu'ils ont fait à Volnovakha, Kharkiv, Izyum, Okhtyrka, Tchernihiv, Borodyanka, Hostomel, Zhytomyr et des dizaines d'autres villes ukrainiennes qui ne constituaient pas la moindre menace pour la Fédération de Russie.

Les hôpitaux détruits. Les écoles détruites, les églises, les maisons. Et toutes les personnes tuées. Tous les enfants tués. Les bombes tombées sur la maternité en sont la preuve définitive. La preuve que le génocide du peuple ukrainien est en cours.

Européens ! Vous ne pourrez pas dire que vous n'aviez pas vu ce qui a été fait aux Ukrainiens, ce qui a été fait aux résidents de Marioupol. Vous avez vu. Vous savez.

Vous devez donc renforcer les sanctions contre la Russie afin qu'il n'y ait plus aucune possibilité pour elle de perpétrer ce génocide. Vous devez faire pression sur la Russie pour la contraindre à s'asseoir à la table des négociations et mettre fin à cette guerre brutale.

Moscou sait très bien que Marioupol fait partie de la région du Donetsk[1]. Les Russes nous ont tant parlé des habitants de la région de Donetsk. Il y a eu tant d'accusations, tant d'exigences… et maintenant nous voyons bien comment la Russie traite les habitants de la région de Donetsk, comment elle traite les gens ordinaires qui vivent dans les maisons de Marioupol, qui travaillent dans les entreprises de Marioupol, qui sont soignés dans les hôpitaux de

---

1. L'oblast du Donetsk, à l'est de l'Ukraine, est une région contestée par la Russie ; il a autoproclamé sa sécession de l'Ukraine le 7 avril 2014 en tant que République populaire du Donetsk et été reconnu par la Russie comme État indépendant le 21 février 2022.

Marioupol et qui donnent naissance à des enfants. Imaginez des gens comme vous donnant vie à des enfants à la maternité de Marioupol.

Contre aucune ville du Donetsk, contre Luhansk, contre aucune autre région, ni d'ailleurs contre aucune ville de la planète nous n'avons jamais fait et jamais nous ne ferons rien qui ressemble à ce crime de guerre, parce que nous sommes des êtres humains. Et vous ?

J'ai parlé aujourd'hui avec le président du Conseil européen Charles Michel et la présidente de la Commission européenne Ursula von der Leyen. Nous avons aussi travaillé et parlé avec la présidente de la Chambre des représentants des États-Unis, Nancy Pelosi, et avec le Premier ministre du Royaume-Uni, Boris Johnson. Merci pour votre soutien, Boris.

Nos partenaires sont pleinement informés de ce qui se passe à Marioupol et de la situation dans les autres régions d'Ukraine où les hostilités continuent. Nous nous employons à ce que la Russie subisse pleinement les conséquences de ses actes. Nous faisons tout notre possible pour enfin sécuriser notre ciel. J'éprouve de la reconnaissance envers les Ukrainiens qui soutiennent majoritairement cette position. Ceux qui collectent les signatures, qui communiquent leurs convictions à leurs connaissances à l'Ouest, qui s'expriment sur les réseaux sociaux, qui organisent des rassemblements.

Ensemble, nous devons redonner courage à certains dirigeants occidentaux pour qu'ils fassent ce qu'ils auraient dû faire dès le premier jour de l'invasion. Ou bien fermer le ciel ukrainien aux missiles et bombes russes, ou bien nous donner des avions de chasse pour que nous puissions tout faire nous-mêmes. S'abstenir de décider nous est devenu tout simplement mortel.

Aujourd'hui, nous sommes parvenus à organiser l'ouverture de trois couloirs humanitaires : depuis la ville de Sumy, depuis les villes et villages de la région de Kyiv et d'Enerhodar. Au total, environ trente-cinq mille personnes ont été secourues. Nous continuerons demain. Nous préparons six couloirs. Nous prions pour que les gens soient évacués de Marioupol, Izyum, Volnovakha et conduits dans les villes sûres de notre Ukraine libre. Je suis certain que chaque Ukrainien fera tout son possible pour apporter son soutien aux hommes et aux femmes déplacés jusqu'à ce que tous puissent rentrer chez eux.

Pour finir, tous les ans, le 9 mars, les gagnants du prix Shevchenko[1] sont annoncés. C'est notre prix national qui récompense la contribution la plus significative à la préservation, au développement de l'esprit ukrainien et de notre culture nationale.
Je crois que nos traditions doivent être respectées sous la loi martiale et pendant les batailles acharnées pour notre liberté. Nous ne devons pas les trahir au risque de ne pouvoir préserver tout ce qui est nôtre, pleinement ukrainien, pendant que nous nous dirigeons vers la victoire, pendant que nous nous dirigeons vers la paix.

Le décret a été signé. J'ai hâte de rencontrer les lauréats. Après la victoire, après la victoire de l'Ukraine.

Gloire à l'Ukraine !

---

1. Le prix national Chevtchenko, nommé en hommage au poète ukrainien Taras Chevtchenko (1814-1861), récompense chaque année un auteur de langue ukrainienne.

15.

Aux mères russes

Aux Ukrainiens, publié sur les réseaux sociaux
– 12 mars 2022

Alors que l'ONU annonce cinq cent soixante-quatre morts civils, dont soixante et onze enfants, que Kyiv et Tchernihiv sont toutes deux encerclées par les Russes, une rencontre a lieu entre les ministres des Affaires étrangères russe et ukrainien en Turquie. Selon les forces ukrainiennes, trois généraux russes auraient été tués, et trente et un bataillons tactiques mis hors de combat. Les habitants de Melitopol, occupée par les Russes, ont manifesté contre l'emprisonnement de leur maire. En Russie, les manifestations contre la guerre ont été sévèrement réprimées et des réseaux sociaux ont été bloqués par les autorités. Les médias russes se voient interdire l'emploi du mot « guerre », au risque de poursuites pénales.

Peuple vaillant d'un État d'acier,

C'est ainsi que les militaires ont répondu aux questions du commandement du Kremlin qui voulait comprendre pourquoi l'Ukraine n'avait pas été conquise en quatre jours. Cette information n'est pas vérifiée, mais ce fait est incontestable. Et si ces envahisseurs, en mauvaise posture, justifiaient leur réponse d'une autre manière, alors cela voudrait dire qu'ils n'ont rien compris à ces seize jours de guerre.

Mais allons, ne le prenez pas si mal ! Nous sommes prêts à vous l'expliquer. À faire toute la lumière sur l'envahisseur, sur ce qu'il est et vers où précisément il devrait aller. Quittez l'Ukraine !

Aujourd'hui à Melitopol, l'envahisseur a fait prisonnier le maire de la ville, Ivan Fedorov. Un maire qui a courageusement défendu l'Ukraine et les membres de sa communauté. Évidemment, c'est un signe de faiblesse de la part de l'envahisseur. Il n'a pas reçu de soutien sur notre terre, alors qu'il y comptait. Parce que depuis des années, ils se leurrent, étant sûrs que le peuple d'Ukraine espérait l'arrivée de la Russie. Ils n'ont pas trouvé de collaborateur pour offrir la ville et le pouvoir aux envahisseurs.

La terreur a franchi un nouveau degré : ils essaient d'éliminer physiquement les représentants légitimes des autorités locales ukrainiennes. Il est évident pour tout État démocratique du monde qu'un maire légitimement élu est le véritable représentant du peuple. Ce n'est pas une question idéologique, cela concerne la vie des gens au sein de communautés particulières. La Russie s'est sans doute accoutumée à cette situation du fait des années vécues dans un régime autocratique. Sans doute pensent-ils que le maire n'est qu'un chef révocable à merci et que sa fonction n'a pas de sens. Mais ici c'est l'Ukraine. C'est l'Europe ici. C'est un monde démocratique, ici. Ainsi, l'emprisonnement du maire de Melitopol est-il un crime non seulement contre un individu, non seulement contre une communauté particulière, mais aussi contre l'Ukraine.

C'est un crime contre la démocratie en tant que telle. Je vous assure que la totalité des citoyens de toutes les démocraties le sait. Les agissements de l'envahisseur russe seront assimilés à ceux des terroristes de Daech. Le pays entier a été le témoin de ce que Melitopol ne s'est pas rendu. Tout comme Kherson, Berdiansk et d'autres villes où les troupes russes ont réussi à pénétrer. Ils n'y sont que temporairement parvenus.

Faire pression sur les maires ou les kidnapper n'y changera rien. Cela ne pourra qu'aggraver la situation, pour l'envahisseur. L'Ukraine exige la libération immédiate du maire de Melitopol et la garantie d'une sécurité absolue pour tous les responsables de communauté à travers le pays. Si vous en venez à agir comme les terroristes de Daech, quel est l'intérêt pour nous de vous parler de quoi ce soit ?

Nous allons évoquer ce problème, notamment dans les discussions que nous entretenons avec les médiateurs internationaux qui communiquent avec Moscou. Aujourd'hui, les soldats russes ont à nouveau perturbé le fonctionnement de la plupart des couloirs humanitaires. Néanmoins, sept mille cent quarante-quatre personnes ont été secourues. Depuis Enerhodar, Boutcha, Hostomel et Kozarovychi. Et c'est là sept mille cent quarante-quatre raisons d'essayer d'organiser demain et après-demain l'évacuation des Ukrainiens hors des villes assiégées.

Nous le ferons. Nous ferons tout ce qui est possible pour apporter une aide humanitaire aux villes ukrainiennes. C'est avec douleur que je dois le dire, Marioupol reste bloquée par l'ennemi. Les soldats russes n'ont pas autorisé nos livraisons humanitaires à entrer dans la ville et continuent de torturer notre peuple, les résidents de Marioupol. Demain, nous essaierons à nouveau. Nous enverrons à nouveau de la nourriture, de l'eau et des médicaments vers la ville. J'ai confiance que les forces armées ukrainiennes répondront à tous moments aux souffrances de notre peuple. Et ce n'est pas du pathos. Ce n'est pas une menace. C'est une manifestation de la réalité.

Le nombre de soldats russes tués sur le territoire ukrainien dépasse déjà douze mille. Douze mille ! Le nombre de blessés est encore supérieur. Ils n'étaient pas invités. Nous répétons à chaque envahisseur : vous pouvez encore vous sauver. À tout moment. Déposez les armes et rentrez chez vous, quittez notre terre. Le nombre d'envahisseurs capturés a déjà atteint un niveau tel qu'il ne peut plus être géré par les structures que nous avions avant la guerre. C'est pour cette raison qu'en ce jour, les membres du Conseil des ministres d'Ukraine ont institué les quartiers généraux pour la coordination du traitement des prisonniers de guerre. Les milliers de soldats ennemis capturés ou qui se sont rendus reçoivent de notre État le traitement prescrit par les conventions internationales. Mais ils sont si nombreux qu'une structure spéciale est devenue nécessaire pour gérer tous ces problèmes.

Je veux le dire à nouveau aux mères russes. Tout particulièrement aux mères des conscrits. N'envoyez pas vos fils à la guerre sur une terre étrangère. Ne croyez pas à leurs promesses quand ils vous disent qu'ils seront simplement envoyés pour des manœuvres ou dans des conditions qui ne sont pas des conditions de combat. Vérifiez où se trouve votre fils. Et si vous avez le moindre soupçon qu'il ait été envoyé à la guerre en Ukraine, agissez immédiatement. N'abandonnez pas votre fils à la mort ou à la captivité.

L'Ukraine n'a jamais voulu de cette guerre terrible. Et l'Ukraine n'en veut toujours pas, mais elle se défendra autant qu'il le faudra, heureusement, nous ne sommes pas seuls. L'Ukraine a des amis sincères, de bons partenaires. En m'adressant aujourd'hui au Parlement polonais, j'ai vivement souligné l'importance de ne pas être seul dans le monde actuel. L'importance de protéger nos valeurs communes. Et donc, de prendre conscience qu'il y a toujours du flou dans le tracé des frontières entre nations. De rendre les gens plus proches les uns des autres. Tout comme dans notre relation avec nos frères et nos sœurs polonais. Comme dans nos relations avec tous nos partenaires sincères. Parce que celui qui a des amis peut tout faire.

J'ai eu des discussions avec le président des États-Unis, Joe Biden. Nous avons discuté de nouvelles manières de faire pression sur la Russie, pour mettre fin à cette guerre et rétablir la paix. La Russie sera privée de la possibilité de commercer normalement avec les pays du G7. Moins les entreprises russes percevront de dollars, moins l'État russe percevra de taxes, moins les militaires russes pourront massacrer notre peuple.

Les entreprises internationales les plus importantes sortent déjà du marché russe. Le gouvernement russe a exclu son pays du monde globalisé en lançant une guerre contre nous. En lançant cette invasion. C'est un enfermement sur soi-même. Une humiliation envers soi-même. La destruction de soi-même.

Dans les bureaux de change à Moscou, le dollar atteint deux cents roubles. Et ce n'est qu'un début. Le début des sanctions internationales. La prochaine étape sera l'interdiction de transaction en dollars avec la Russie. Ainsi y aura-t-il une pénurie de devises. Donc, le taux de change augmentera encore plus. Les prix augmenteront. Chaque citoyen de Russie percevra que l'absence de paix est une menace personnelle. Aucun pays du monde ne veut de mal aux citoyens ordinaires de la Russie. Personne n'a voulu vous causer de dommages jusqu'à ce que votre gouvernement ne déclenche une guerre contre vos voisins, un peuple pacifique. Une guerre d'annihilation.

Personne n'a voulu ramener la vie des citoyens russes ordinaires aux « terribles années 1990 ».

Est-ce bien comme cela que vous désignez cette période ? Une période de révolte et de misère. Une époque de chances extrêmement réduites pour les gens ordinaires, et de très grandes inégalités. Mais peut-être qu'encore maintenant, du fait des efforts des propagandistes, la plupart des Russes ne comprennent pas toujours ce qui les attend. Les autorités russes, elles, le savent fort bien. Très clairement. Et elles ont très peur. C'est pour cela qu'elles essaient de fermer toutes les sources d'information libre. Toutes les sources d'information, même Facebook et Instagram.

Mais le monde moderne a appris à réagir à ce genre de censure. Mon conseil aux Russes qui réfléchissent est de trouver les moyens d'obtenir des informations authentiques. Et d'essayer de cacher aux forces de sécurité dans la rue leurs smartphones et leurs ordinateurs. Ils vérifient ce qui se trouve dans les téléphones des gens. Ce que les gens ont dans leurs ordinateurs. Je vous préviens tout particulièrement : apprenez à résister à la répression, car votre gouvernement a la volonté de l'amplifier. Parce que les gens qui réfléchissent doivent subsister dans tous les pays. Et en Russie aussi. Et ils sont en Russie.

Une dernière chose. Passons aux bonnes nouvelles, pour nous, aux victoires de l'Ukraine, qui toutes valent leur pesant d'or, d'argent ou de bronze. Tout cela a été gagné pour l'Ukraine, par nos athlètes paralympiques à Pékin. Aujourd'hui, tout le monde glorifie l'Ukraine. Partout où il ou elle se trouve. Montrez au monde ce que sont les Ukrainiens, et quelle force est la nôtre. Avec une arme à la main, sur le champ de bataille, ou avec un fusil sportif, sur une piste de biathlon. Nos fils et nos filles ont déjà remporté vingt-cinq médailles aux Jeux paralympiques d'hiver de Pékin. Et nous tenons la deuxième place dans le classement général, seulement deuxième après l'hôte de cette compétition – la Chine. Les Jeux paralympiques finiront dans deux jours. J'aimerais pouvoir dire la même chose à propos de cette guerre. Qu'elle finira dans deux jours. Malheureusement, ce n'est pas réaliste. Mais cela arrivera.

La victoire de l'Ukraine et la paix en Ukraine sont toutes deux à notre portée. Et elles auront plus de valeur pour nous que tout l'or, l'argent et le bronze du monde.

Enfin, pour l'instant...

Tenez vos positions ! Tenez bon ! Nous vaincrons !

Gloire à l'Ukraine !

16.

Entends-tu, Moscou ?

Aux Ukrainiens, publié sur les réseaux sociaux
— 12 mars 2022, quelques heures
après le discours précédent.

Vaillant peuple d'un pays invaincu,

Depuis le petit matin dans Melitopol l'Ukrainienne, pour toujours ukrainienne, nos concitoyens se sont réunis pour participer à la manifestation maintenant habituelle contre les soldats russes. Contre la tentative de mettre la ville à genoux. Il y avait plus de deux mille personnes sur la place.

Entends-tu, Moscou ?

Si deux mille personnes manifestent contre l'occupation de Melitopol, combien de personnes à Moscou doivent-elles s'opposer à la guerre ? Hier, l'envahisseur a emprisonné le maire de Melitopol, Ivan Fedorov. La communauté de la ville réclame sa libération. Et c'est très important. Je suis reconnaissant envers chaque habitant de Melitopol pour la manifestation de cette résistance, pour cette prise de position. Les envahisseurs doivent prendre conscience de ce qu'ils ne sont que des étrangers sur notre territoire, sur tout le territoire d'Ukraine, et qu'ils ne seront jamais acceptés.

Aujourd'hui, de nuit et de jour, nous nous sommes entretenus avec nos partenaires sur la situation de notre maire. La requête est simple : mettez fin à sa captivité immédiatement. Nous en appelons à tous les dirigeants mondiaux qui communiquent avec Moscou. France, Allemagne, Israël et les autres. J'ai appelé personnellement le chancelier allemand Olaf Scholz. J'ai parlé avec le président français Emmanuel Macron.

Je parlerai à tout le monde pour libérer notre peuple. Nous attendons des dirigeants mondiaux qu'ils montrent comment ils peuvent influer sur la situation. Comment ils peuvent réaliser une chose simple – faire libérer une personne. Une personne qui représente la communauté entière de Melitopol, des Ukrainiens qui n'abandonnent pas.

Nos forces armées font tout leur possible pour dissuader l'ennemi de continuer cette guerre contre l'Ukraine. Les pertes des troupes russes sont énormes. L'évolution des pertes de l'envahisseur est telle qu'en ce dix-septième jour, on peut dire avec certitude que c'est le plus grand coup porté à l'armée russe depuis des décennies. Ils n'ont jamais autant perdu dans une aussi brève période. Depuis le début de l'invasion, le 31ᵉ bataillon tactique de l'ennemi a perdu toute sa capacité de combat. Ses soldats se font capturer non pas un par un, mais par groupes entiers. Certains sont en train d'essayer de quitter l'Ukraine et de retourner en Russie. Les pertes de l'envahisseur en matériel sont tout simplement exceptionnelles. Plus de trois cent soixante blindés. Mille deux cent cinq véhicules armés. Et c'est sans compter les pertes dans les batailles qui se sont déroulées cette nuit et dans la matinée. Déjà près de soixante avions. Plus de quatre-vingts hélicoptères. Des centaines et des centaines d'autres matériels divers, parmi lesquels certains des modèles les plus modernes dont la Russie est si fière. La plupart des armées du monde ne possèdent pas autant de matériel que tout ce que la Russie a déjà perdu pendant cette invasion.

Ukrainiens, entendez-moi bien. Notre succès est extraordinaire. La résistance de tout le peuple ukrainien contre l'envahisseur a déjà marqué l'Histoire. Mais nous n'avons pas le droit de relâcher l'intensité de notre défense. Peu importe la difficulté. Nous n'avons aucun droit de diminuer la force de notre résistance. L'ennemi achemine de nouvelles et de nouvelles colonnes vers le territoire de l'Ukraine. Il cherche des combattants partout. Des réservistes, des conscrits, des mercenaires.

Ils essaient de l'emporter par le nombre. Le nombre de combattants, la quantité de matériel. Ils font usage de la terreur pour briser notre foi en la victoire et en l'Ukraine. Je suis convaincu qu'ils ne réussiront pas. Cela ne fonctionnera pas pour eux. Mais pour éviter leur victoire, nous devons continuer à nous battre. Nous devons continuer à être concentrés. Tous, tous les Ukrainiens, nous devons continuer à nous concentrer sur notre défense. Travailler ensemble. Sans division. En nous soutenant les uns les autres. Partout dans le pays, de Oujhorod à Melitopol. De Tchernihiv à Marioupol. De Lviv à Kharkiv. Comme nous l'avons fait pendant ces dix-sept jours de guerre.

Aujourd'hui, nous avons envoyé un convoi humanitaire à Marioupol. Nous essaierons tous les jours de sauver notre peuple. Je suis reconnaissant envers chaque conducteur qui essaie d'accomplir cette mission difficile. Je suis reconnaissant envers les représentants de l'Église qui se joignent à notre effort pour protéger le couloir humanitaire de Marioupol des bombardements. Les soldats ukrainiens, pour leur part, garantissent un silence « total »[1] sur la route de sorte que Marioupol reçoive de la nourriture, de l'eau, des médicaments. Et pour que les civils de Marioupol puissent se réfugier en lieu sûr.

Des couloirs humanitaires vers Makariv, Borodyanka, Trostianets, Soumy, Poltava, Lebedine, Konotop, Velyka Pysarivka, Krasnopillia, Polohy, Tokmak, Hostomel, Kozarovychi, Mykulychi et Andriivka de la région de Kyiv ont aussi été mis en place.

Les soldats russes doivent assurer un « silence » sur chacune de ces routes. Sinon, qu'est-ce que

---

1. En langage militaire, un silence signifie l'arrêt des combats.

la Russie peut réellement garantir dans quelque négociation que ce soit ?

Nous continuons à travailler avec les Européens en suivant deux directions.

La première est l'entrée de l'Ukraine dans l'Union européenne. Nous travaillons avec la Commission européenne afin de convenir des procédures assurant notre entrée dans l'UE le plus tôt possible. La seconde, ce sont les sanctions, notre priorité. Nous attendons avec impatience le nouveau paquet de sanctions européennes contre la Russie afin de rétablir la paix. Il faut que cela soit clair : leur économie ne survivra pas à cette guerre. Le Conseil des ministres d'Ukraine a pris plusieurs décisions de grande importance. La suppression complète de la taxe sur la valeur ajoutée et les droits d'accises a été approuvée. Pour le gasoil, et le diesel. Cette mesure n'est pas seulement décidée dans le contexte de la campagne de semailles qui devrait débuter comme d'habitude, mais aussi dans le contexte des besoins de tous les citoyens. De manière qu'il n'y ait pas de pénurie de carburant dans notre pays. Pour que les prix soient stables. Le gouvernement a effectué son travail. Maintenant, c'est au tour des députés. Ils doivent immédiatement adopter cette décision en la votant. Le président de la Verkhovna Rada[1], Ruslan Stefanchuk, organise déjà la séance en question.

La deuxième composante consiste à soutenir les communautés ukrainiennes qui reçoivent nos émigrants provenant des zones de combat. Le gouvernement a décidé de compenser les budgets locaux pour le paiement des services publics occasionnés par l'hébergement des réfugiés. Selon les estimations préliminaires, les communautés d'au moins dix régions d'Ukraine recevront une aide financière concrète du gouvernement central pour assurer que tous les IDP soient fournis avec tout le nécessaire.

Ukrainiens, nous devons être efficaces. Nous devons pleinement exécuter nos tâches, aider nos collègues, prendre soin de nos êtres chers et en même temps, nous devons fournir tout le nécessaire à notre défense. Pour nos défenseurs. C'est une guerre patriotique. C'est une guerre

---

1. Le Parlement ukrainien.

du peuple. C'est une guerre pour notre indépendance. Non pas seulement pour l'indépendance de notre État, pour ce que l'Ukraine a été, ce qu'elle est et ce qu'elle sera.

Gloire à l'Ukraine !

17.

Ils bombardent nos monastères, nous soignons leurs prisonniers

Aux Ukrainiens, publié sur les réseaux sociaux
– 14 mars 2022

À Marioupol où le bilan s'alourdit, plus de quatre cent mille personnes sont piégées sans eau ni nourriture. Civils et militaires sont enterrés dans des fosses communes à travers le pays. Il est estimé que deux millions sept cent mille personnes ont quitté l'Ukraine pour des pays voisins. L'Union européenne a préparé un dispositif d'accueil des réfugiés. Les États-Unis ont augmenté leur aide militaire à l'Ukraine de deux cents millions de dollars, mais ils refusent toujours l'envoi d'avions par la Pologne, fournissant néanmoins, comme plusieurs autres pays, des armes défensives.

Peuple vaillant d'un État indestructible !

Aujourd'hui est le dix-huitième jour. Le dix-huitième jour de notre guerre pour la vie, pour l'Ukraine, pour l'indépendance. Le début de cette journée était sombre. Les missiles et les bombes russes ont encore frappé notre pays. De l'est à l'ouest. Trente missiles pour la seule région de Lviv. Le bombardement du Centre international pour le maintien de la paix et de la sécurité a tué trente-cinq personnes et blessé cent trente-quatre autres. Rien de ce qui s'y trouvait ne présentait la moindre menace pour le territoire de la Fédération de Russie. Et à vingt kilomètres, les frontières de l'OTAN. L'année dernière, j'ai lancé un avertissement clair aux dirigeants des pays membres de l'OTAN : s'il n'y avait pas de sanctions dures contre la Russie, une guerre commencerait. Nous avions raison. J'ai dit depuis longtemps que Nord Stream est une arme qui frappera l'Europe. Maintenant, c'est évident.

Et maintenant, je le répète, si vous ne fermez pas notre ciel, ce n'est qu'une question de temps avant que les missiles russes ne frappent votre territoire. Le territoire de l'OTAN. Les maisons des citoyens des pays de l'OTAN. Un journaliste américain a été tué dans la région de Kyiv aujourd'hui, Brent Renaud. Son collègue a été blessé. C'était une attaque délibérée des militaires russes. Ils savaient ce qu'ils faisaient. Tous en Occident ne semblent pas le savoir. À l'est de notre pays, l'envahisseur a décidé de « démilitariser » et de « dénazifier » la Laure de Sviatohirsk[1] de l'Église orthodoxe ukrainienne, du patriarcat de Moscou.

Au moment de l'attaque, seuls des moines et des centaines de réfugiés se trouvaient dans l'enceinte du monastère. Il n'y avait aucun objectif militaire près ou loin, mais les soldats russes ne s'arrêtent pas, avant de frapper un monastère. Ce simple fait démontre que l'idéologie de l'État russe est purement mensongère. Aujourd'hui, j'ai rendu visite à nos hommes, nos défenseurs qui se remettent de leurs blessures à l'hôpital militaire. Nous avons parlé, j'ai décerné des récompenses, des médailles pour le courage, la gloire de l'Ukraine. Et j'aimerais vraiment que mes vœux :

---

1. Monastère ukrainien orthodoxe situé près de la ville de Sviatohirsk, dans l'oblast de Donetsk.

« je vous souhaite une bonne santé » aient le même succès aujourd'hui que celui de nos soldats qui tiennent les clés de nos frontières. Depuis dix-huit jours déjà.

D'ailleurs, un militaire russe de Riazan se fait soigner dans le même hôpital. Il est dans la même salle que nos défenseurs. Il reçoit les mêmes soins. Des mêmes médecins. Malgré ce que ce type faisait. Contre nous. Contre l'Ukraine. Mais les médecins ukrainiens l'ont sauvé. Et c'est évident. Parce que ce sont des hommes. Non des sauvages. Et nous devons venir à bout de cette guerre pour que nous restions tous humains.

Je suis reconnaissant envers tous les médecins et les infirmières qui travaillent à Kyiv et Dniepr, à Vinnytsia et Lviv, à Tchernihiv et Donbas, à Kharkiv, à Melitopol et Marioupol.

Marioupol…

À tous !

L'hôpital militaire de Marioupol.
L'hôpital militaire mobile de Pokrovsk.

L'hôpital militaire mobile de Tchassiv Yar.

Les cliniques médicales centrales des régions de l'est.

L'hôpital militaire de Tcherkaske.

Les centres cliniques médicaux des régions du centre, Vinnytsia,

Les centres cliniques médicaux des régions de l'ouest, Lviv.

Le centre de réhabilitation militaire médicale du centre, Irpin, s'est vidé, mais il continue à fonctionner.

Ma sincère gratitude va à tous les Ukrainiens.

Aujourd'hui, j'ai aussi rendu visite à des postes de contrôle. Je ne voulais pas que ce soit public. Juste pour soutenir nos gars. Pour parler. Des êtres courageux, des gens joyeux. Ils défendent Kyiv et savent que nous gagnerons. Nous le sentons.

Nous gagnerons grâce à notre capacité exceptionnelle à nous rassembler. Nous parvenons toujours à prendre soin de notre peuple. J'ai rencontré une personne extraordinaire, dans l'âme, dans le cœur, dans la sincérité, là-bas au checkpoint, qui soutient nos défenseurs tous les jours et leur amène du bortsch tous les jours. Vraiment délicieux ! Vraiment ukrainien. De bon cœur. Et je sais que ces gens sont le pilier de notre État depuis des siècles. C'est grâce à de telles personnes que nous survivrons à n'importe quelle période obscure. Parce que nous sommes ensemble. Et nous protégeons toujours notre propre peuple. Et ce qui est à nous. Et non pour l'argent. Sans coercition. Non comme ceux qui sont venus à nous. Simplement parce que nous sommes ukrainiens.

Des négociations internationales importantes : Bulgarie, Slovaquie, Tchéquie, Roumanie, Pologne, Grande-Bretagne. Nous ressentons le soutien de ces pays. Nous ressentons le soutien à notre armée. C'est important. J'ai aussi parlé à Charles Michel, le président du Conseil européen. À propos de notre perspective européenne qui devient réalité.

À propos des négociations avec la Fédération de Russie, des représentants de la délégation de notre pays lui parlent par lien vidéo tous les jours. Notre délégation a une mission claire, faire tout son possible pour obtenir une rencontre des présidents. Une rencontre que, j'en suis sûr, les gens attendent. Évidemment, c'est une affaire difficile. Un chemin difficile. Mais c'est un chemin nécessaire. Et notre objectif est pour l'Ukraine d'obtenir les résultats qui lui sont nécessaires dans cette lutte, dans cette négociation. C'est nécessaire pour la paix, pour notre sécurité, pour que nous ayons des garanties, normales, efficaces. Non comme celles de Budapest et non comme dans notre ciel. Pour que les Ukrainiens puissent dire : voilà ce qui fonctionne. Voici les garanties. Il est nécessaire de parler. Plus de dix couloirs humanitaires ont été ouverts. La région de Kyiv, la région de Louhansk… cinq mille cinq cents personnes ont été sauvées en une journée. En six jours – plus de cent trente mille. Il est nécessaire de parler.

Et cela est dû aux négociations. Nous devons le comprendre. Malheureusement, le couloir humanitaire de Marioupol est bloqué. À nouveau. Nous avons fait tout notre possible. Nous avons garanti le « silence ». Les soldats russes ont perturbé le déplacement de cargaisons et de bus. Mais nous essaierons encore. Jusqu'à ce que nous puissions aider notre peuple. Parce qu'il est nôtre. Notre Marioupol. Marioupol l'héroïque.

Ukrainiens, nous traversons la pire épreuve de notre Histoire. De nos vies. Nous protégeons la chose la plus précieuse que nous possédons. Nous devons tenir. Nous devons nous battre. Et nous vaincrons. Je le sais. Je le crois.

Gloire à vous, gloire au peuple, gloire à nos héros !

Gloire à l'Ukraine !

18.

Les Russes honnêtes

Aux Ukrainiens, publié sur les réseaux sociaux
– 14 mars 2022, quelques heures
après le discours précédent.

Peuple libre d'un pays libre !

Le dix-neuvième jour de notre résistance s'est achevé, dans cette guerre historique. Une autre journée difficile qui nous rapproche de la victoire. Qui rapproche l'Ukraine de la paix. L'ennemi est désorienté. Il ne s'attendait pas à une telle résistance. Il croyait en sa propagande, qui ment à notre propos depuis des décennies. Il ne s'en rend toujours pas compte. Il commence pourtant à comprendre qu'il n'obtiendra rien par la guerre. Ses soldats le savent. Ses officiers le savent. Ils désertent le champ de bataille. Ils abandonnent leurs équipements. Nous saisissons des trophées et en faisons usage pour protéger l'Ukraine. Aujourd'hui, les soldats russes sont, en fait, l'un des fournisseurs en matériel de notre armée. Ils n'auraient pas pu l'imaginer, dans leurs cauchemars.

Et je veux dire aux soldats russes, ceux qui ont déjà pénétré dans notre territoire et ceux qui sont sur le point d'être dépêchés pour se battre contre nous : Conscrits russes ! Écoutez-moi très attentivement. Officiers russes, vous savez déjà. Vous ne prendrez rien à l'Ukraine. Vous prendrez des vies. Vous êtes nombreux. Mais vos vies seront prises elles aussi.

Et pourquoi mourir ? Pourquoi ? Je sais que vous voulez vivre. Nous entendons vos conversations que nous interceptons, nous savons ce que vous pensez vraiment de cette guerre qui n'a pas de sens, de cette honte et de votre État. Vos conversations les uns avec les autres. Vous appelez vos familles. Nous entendons tout. Nous en tirons des conclusions. Nous savons qui vous êtes.

C'est ainsi que je vous propose un autre choix. De la part du peuple ukrainien, je vous donne une chance. Une chance de survie. Si vous vous rendez à nos forces, nous vous traiterons de la manière avec laquelle les gens sont censés être traités. Comme des gens, décemment. D'une manière dont votre propre armée ne vous a jamais traités. Et d'une manière dont votre armée ne nous traite pas. Choisissez.

Nos braves défenseurs continuent d'infliger de lourdes pertes aux soldats russes. Bientôt, le nombre d'hélicoptères russes touchés atteindra la centaine. Ils ont déjà perdu quatre-vingts avions. Des centaines de blindés et des milliers d'autres matériels.

En dix-neuf jours, l'armée russe a perdu plus en Ukraine qu'en deux longues années d'une guerre sanglante en Tchétchénie. Pourquoi ? Je suis reconnaissant aux Russes qui ne cessent de vouloir partager la vérité. À ceux qui se battent contre la désinformation et disent la vérité, des faits avérés à leurs amis et leurs êtres chers. Et personnellement, à cette femme qui a fait irruption sur une chaîne de télévision russe avec une pancarte contre la guerre[1]. À ceux qui n'ont pas

---

1. Une journaliste a protesté en direct contre la guerre sur le plateau du journal télévisé de la première chaîne russe.

peur de manifester. Tant que votre pays ne se sera pas fermé au monde entier, se transformant en une immense Corée du Nord, vous devriez vous battre. L'Union européenne a approuvé le quatrième paquet de sanctions contre la Russie. Le quatrième – qui, j'en suis sûr, ne sera pas le dernier. Nous travaillons avec nos partenaires à de nouvelles sanctions contre l'État russe. Envers tous ceux qui sont responsables de la guerre. Tous ceux qui sont responsables de la destruction de la démocratie. Tous ceux qui sont responsables de la répression contre le peuple. Ils recevront la réponse. La réponse du monde. Et ça ne sera que le début. L'engagement de la responsabilité pour crimes de guerre des militaires russes est inévitable. Leur responsabilité est inévitable pour la catastrophe humanitaire délibérément causée dans les villes ukrainiennes. Le monde entier voit ce qui se passe à Marioupol. Kharkiv. Tchernihiv. Soumy. Okhtyrka. Hostomel. Irpin. Dans toutes nos villes.

Nos partenaires sont informés des crimes de l'envahisseur contre les civils et les gouvernements autonomes dans les régions de Kherson et de Zaporijia. Dans les territoires temporairement occupés. Il y aura une réponse à cela. C'est nécessaire. Pour les couloirs humanitaires interrompus. Nécessairement. Durant la journée du 14 mars, trois mille huit cent six Ukrainiens ont été évacués des villes et villages des régions de Kyiv et Louhansk. Un de nos convois qui transportait une centaine de tonnes de tout ce qu'il y a de plus nécessaire pour Marioupol a été bloqué à Berdiansk. Depuis trois jours déjà, mais nous réessaierons. Nous ferons tout notre possible pour nous assurer que les habitants de Marioupol reçoivent de la nourriture, de l'eau et des médicaments.

J'ai fait un compte rendu complet des agissements de l'envahisseur sur le territoire ukrainien dans mes conversations avec nos amis et États partenaires. Chaque agression de l'envahisseur pousse le monde à imposer de nouvelles sanctions. J'ai parlé avec la présidente de la Commission européenne Ursula von der Leyen. Avec le président polonais Andrzej Duda, avec le Premier ministre du Luxembourg, Xavier Bettel. Nous avons une compréhension mutuelle totale. La conversation avec le Premier ministre israélien Bennett a aussi été importante. Elle faisait partie d'un effort de négociation pour arrêter cette guerre dès que possible. Avec une paix équitable. Notre délégation y travaille aussi avec la partie russe. Pas si mal, ai-je entendu. Mais nous verrons. Elles continueront demain. Le Conseil des ministres d'Ukraine s'est accordé sur un paquet de décisions pour soutenir notre économie. Pour que les entreprises fonctionnent. Pour que les gens aient du travail. Quand la sécurité le permettra. Quand les gens seront prêts.

En premier lieu, nous lançons une réforme des impôts. À la place de la TVA et de l'impôt sur les résultats, nous prélèverons un taux de deux pour cent sur le chiffre d'affaires et nous simplifions les comptabilités. Pour les petites entreprises, c'est-à-dire propriétaires du premier et du deuxième groupe, nous instituons le paiement volontaire d'un impôt unique. C'est-à-dire, si vous le pouvez. Si vous ne le pouvez pas – aucune question ne sera posée.

En second lieu, une dérégulation maximale en faveur des entreprises. Nous annulons toutes les inspections, pour que la vie continue, pour que tout le monde puisse travailler, pour que les villes reviennent à la vie. Pour que la vie continue partout où il n'y a pas d'hostilités. L'unique condition étant que vous assuriez la gestion de votre entreprise dans le cadre de la loi ukrainienne.

Ce ne sont que les deux premières étapes de la réforme des impôts. Pour finir, je viens de signer un décret qui attribue des récompenses d'État à deux cent trente-quatre soldats des forces armées ukrainiennes qui ont fait preuve d'un grand courage et d'héroïsme en se battant pour notre terre. Pour notre indépendance. Cinquante-neuf d'entre eux à titre posthume. Que le souvenir de chacun d'eux qui ont donné leur vie pour notre État vive pour toujours. Éternelle reconnaissance à tous nos héros !

Gloire à l'Ukraine !

19.

Est-ce trop demander ?

Au Congrès des États-Unis – 16 mars 2022

Au vingt et unième jour de la guerre, le président Zelensky s'adresse au Congrès américain. Les États-Unis ont fermement condamné les exactions russes en Ukraine et apporté leur soutien au pays en livrant des armes ainsi qu'en fournissant une aide humanitaire et financière. Le président Biden a annoncé une aide militaire supplémentaire de huit cents millions de dollars, portant l'aide totale américaine à un milliard de dollars. Cette aide inclut la livraison de drones et d'armes antiaériennes. Le même jour, le président américain a qualifié le président Poutine de criminel de guerre. Ce discours a été prononcé alors qu'une violence accrue continue à s'exercer à l'encontre des populations civiles ukrainiennes, particulièrement à Marioupol et à Odessa, où les bombardements et les décès civils se multiplient. Les troupes russes continuent de bombarder Kyiv et se rapprochent du sud de la ville dans l'espoir d'en achever l'encerclement.

Madame la Présidente,
Membres du Congrès,
Mesdames et Messieurs,
Américains ! Amis !

Je suis fier de vous saluer d'Ukraine, de notre capitale, Kyiv. Une ville qui subit les missiles et les frappes aériennes des troupes russes, jour après jour. Mais nous n'abandonnons pas et nous n'avons jamais, même un instant, pensé à abandonner. De la même manière, des dizaines d'autres villes et communautés de notre pays se trouvent devoir affronter la pire des guerres depuis la Seconde Guerre mondiale.

J'ai l'honneur de vous saluer de la part du peuple ukrainien, qui est courageux et qui aime la liberté. Pendant huit ans, il a résisté à l'agression de la Fédération de Russie. Il a sacrifié ses meilleurs enfants, ses fils et ses filles, pour arrêter une invasion russe à grande échelle. Maintenant, le destin de notre pays est en voie d'être décidé. Le destin de notre peuple. Ce qui sera décidé, c'est si les Ukrainiens vivront libres, s'ils parviendront à préserver leur démocratie. La Russie a attaqué plus que nos terres et nos villes. C'est une offensive brutale contre nos valeurs, contre les plus élémentaires droits de l'homme. Ils ont lancé des blindés et des avions contre notre liberté, contre notre droit de vivre libre dans notre pays, de choisir notre propre avenir, contre notre désir de bonheur, contre notre rêve national, comme vous, comme les gens ordinaires d'Amérique, comme tout le monde aux États-Unis.

Je me rappelle le Mont Rushmore avec les visages de vos éminents présidents, ceux qui ont posé les fondations de l'Amérique telle qu'elle est aujourd'hui : démocratie, indépendance, liberté et bienveillance envers tous, tous ceux qui travaillent diligemment, qui vivent honnêtement, c'est-à-dire tout ce qui fait partie d'une vie normale pour vous.

Mesdames et Messieurs, Américains,

Dans votre grande histoire, vous avez écrit des pages qui vous permettent de comprendre les

Ukrainiens. Comprenez-nous maintenant, quand nous en avons le plus besoin. Souvenez-vous de Pearl Harbor, ce matin terrible du 7 décembre 1941, quand votre ciel était noir parce que des avions vous attaquaient. Rappelez-vous seulement cela. Rappelez-vous le 11 septembre. Ce jour terrible de l'année 2001, quand le Mal a tenté de transformer vos villes en champs de bataille. Quand des innocents ont été attaqués, attaqués depuis le ciel, d'une manière à laquelle personne ne s'attendait.

D'une certaine façon, vous ne pouviez l'arrêter. Notre État vit cela tous les jours, toutes les nuits, depuis maintenant trois semaines dans ses différentes villes ukrainiennes : Odessa et Kharkiv, Tchernihiv et Soumy, Jytomyr et Lviv, Marioupol et Dniepr. La Russie a fait du ciel ukrainien une source de mort pour des milliers de gens. Les troupes russes ont envoyé des milliers de missiles sur l'Ukraine, d'innombrables bombes. Ils ont fait usage de drones pour tuer avec davantage de précision. C'est là une terreur que l'Europe n'a pas vue depuis quatre-vingts ans !

Nous exigeons une réponse, la réponse du monde, la réponse à la terreur. Est-ce trop demander ?

Nous voulons établir une zone d'exclusion aérienne au-dessus de l'Ukraine pour sauver notre peuple, une zone d'exclusion aérienne humanitaire. Alors la Russie ne serait plus capable de terroriser jour et nuit nos villes pacifiques. Est-ce trop demander ? Alors nous proposons une solution.

Vous savez de quel système de défense nous avons besoin, c'est-à-dire du C-300[1] et d'autres systèmes similaires. Vous savez à quel point le champ de bataille dépend de notre capacité aérienne, d'avions puissants et forts pour protéger notre peuple, votre liberté, votre territoire. Ces avions peuvent aider l'Ukraine, ils peuvent aider l'Europe. Vous savez aussi qu'ils sont disponibles, mais à terre et non dans le ciel ukrainien. Là où ils sont, ils ne protègent pas notre peuple.

« I have a dream » – ces mots, vous les connaissez tous. Aujourd'hui je peux dire : j'ai un besoin. Le besoin de protéger notre ciel, j'ai besoin de votre décision, de votre aide, et cela voudra dire

---

1. Système de défense antiaérien développé par l'entreprise russe (et anciennement soviétique) Almaz Scientific Industrial Corporation.

exactement la même chose, la même chose que vous ressentez quand vous entendez : « I have a dream. »

Mesdames et Messieurs, chers amis !

L'Ukraine est reconnaissante envers les États-Unis pour leur soutien considérable, pour tout ce que votre État et votre peuple ont déjà fait pour notre liberté, pour vos armes et vos munitions, pour vos enseignements et votre financement, pour votre leadership du monde libre qui vise à exercer une pression économique sur notre agresseur. Je suis reconnaissant au président Biden pour son engagement personnel, pour son engagement dans la défense de l'Ukraine et des démocraties du monde. Je vous suis reconnaissant de votre résolution qui qualifie tous ceux qui commettent des crimes contre l'Ukraine de criminels de guerre. Cependant, à présent, dans les temps obscurs que traverse notre pays, pour toute l'Europe, je vous exhorte à faire davantage. De nouvelles listes de sanctions sont nécessaires toutes les semaines jusqu'à ce que la machine militaire russe s'arrête. Des restrictions sont nécessaires à l'encontre de tous ceux qui sont les piliers de ce régime inique.

Nous proposons aux États-Unis d'imposer des sanctions envers tous les politiciens de la Fédération de Russie qui se maintiennent au pouvoir et ne coupent pas tous leurs liens avec les responsables de l'agression contre l'Ukraine : des députés de la Duma[1] aux derniers des fonctionnaires qui manquent de la moralité nécessaire pour couper tout lien avec cet État de terreur. Toutes les compagnies américaines doivent quitter la Russie et son marché, quitter ce marché où coule notre sang.

Mesdames et Messieurs, Membres du Congrès !

Prenez les devants ! Si vous avez des entreprises qui dans vos circonscriptions soutiennent la machine militaire russe et maintiennent leurs activités en Russie, vous devez faire pression sur elles, pour que l'État russe ne reçoive pas le moindre dollar à dépenser dans la destruction de l'Ukraine et la destruction de l'Europe. Tous les ports américains doivent être fermés aux biens et aux navires russes. La paix est plus importante que le profit. Et nous devons, ensemble, défendre ce principe

---

1. Le parlement bicaméral de la Russie.

à travers le monde. Nous sommes déjà devenus membres d'une même coalition contre la guerre. La grande coalition contre la guerre qui unit de nombreux États, des dizaines d'États, ceux qui ont réagi conformément à leurs principes contre la décision de Poutine – celle de la Russie d'envahir notre État.

Mais nous devons aller de l'avant. Nous devons créer de nouveaux outils et répondre promptement ! L'invasion à grande échelle de l'Ukraine a commencé le 24 février et il serait juste qu'elle se termine demain. Dans vingt-quatre heures, de manière à ce que le mal soit immédiatement puni. Aujourd'hui le monde n'a pas ce genre d'outil. Les guerres du passé ont incité nos prédécesseurs à créer des institutions qui étaient supposées nous protéger des guerres. Mais elles ne fonctionnent pas. Nous le voyons, vous le voyez, donc nous devons en créer de nouvelles, de nouvelles institutions, de nouvelles alliances, et nous vous en proposons une.

Nous proposons de créer une association – U-24 : Unis pour la paix. Une union d'États responsables qui auront la force et la conscience d'arrêter les conflits immédiatement, de fournir toute l'aide nécessaire en vingt-quatre heures et si besoin des armes, si besoin des sanctions, du soutien humanitaire, du soutien politique, des financements. Tout ce qui est nécessaire pour ramener la paix rapidement, pour sauver des vies. De plus, une telle association pourrait fournir assistance à ceux qui subissent les désastres naturels, des désastres causés par l'homme, à ceux qui sont victimes d'une crise humanitaire ou d'une épidémie.

Souvenez-vous de la difficulté que ce fut pour le monde de faire la chose la plus simple – donner à tous des vaccins, des vaccins contre le Covid pour sauver des vies, pour éviter de nouveaux variants. Le monde a passé des mois et des années à faire des choses qui auraient pu être faites bien plus vite et a donc causé d'innombrables pertes humaines.

Mesdames et Messieurs, Américains !

Si une telle alliance, l'U-24, avait déjà été formée, je crois qu'elle aurait pu sauver des dizaines de milliers de vies. Dans notre pays, dans bien d'autres pays qui ont si crucialement besoin de la paix et qui ont souffert de tant de destructions inhumaines. Je vous demande maintenant de regarder une vidéo, nous devons prévenir une telle situation, préventivement détruire tout agresseur qui voudrait conquérir une autre nation. S'il vous plaît, regardez...[1]

Pour conclure, aujourd'hui ce n'est pas assez d'être le chef d'État d'une nation. Aujourd'hui il faut être le chef de file du monde. Être le chef de file du monde signifie être le chef de file de la paix. La paix dans votre pays ne dépend plus seulement de vous et de votre peuple. Elle dépend de ceux qui sont à votre côté, ceux qui sont forts. Fort ne veut pas dire grand. Être fort c'est être brave et prêt à se battre pour la vie de vos citoyens et des citoyens du monde. Pour les droits de l'homme, pour la paix, pour le droit de vivre décemment et de mourir le temps venu, non le temps voulu par quelqu'un d'autre, par vos voisins.

Aujourd'hui, le peuple ukrainien ne défend pas seulement l'Ukraine, il se bat pour les valeurs de

---

1. Le président Zelensky montre une vidéo où l'on voit des villes ukrainiennes avant et après leur destruction, la violence des bombardements sur les enfants, les femmes, les soldats, les personnes âgées. On y voit des corps jetés dans des fosses communes.

l'Europe et du monde, il sacrifie des vies au nom de notre avenir. C'est pourquoi, aujourd'hui, le peuple américain n'aide pas seulement l'Ukraine, mais l'Europe et le monde, pour maintenir notre planète en vie, pour maintenir la justice dans notre histoire. J'ai presque quarante-cinq ans. Aujourd'hui, mon âge s'est figé quand le cœur de plus de cent enfants s'est arrêté de battre. Je ne vois plus de sens à la vie si je ne peux pas arrêter la mort, c'est là ma mission principale en tant que dirigeant de mon peuple – les grands Ukrainiens.

En tant que leader de ma nation, je m'adresse au président Biden, à vous en tant que leader de votre nation, de votre grande nation. Je vous souhaite d'être le leader du monde. Être le leader du monde signifie être le leader de la paix.
Je vous remercie.

Gloire à l'Ukraine !

20.

Les affaires contre les enfants

Discours au Parlement suisse – 19 mars 2022

Cent quatre-vingt-dix mille civils ont été évacués par les couloirs humanitaires, bien que ceux-ci soient souvent attaqués par les troupes russes. Le 16 mars, celles-ci ont frappé le Grand Théâtre de Marioupol où s'abritaient des centaines de familles, en dépit des inscriptions « ENFANTS » qui le signalaient. Le nombre de morts civils ne cesse d'augmenter, notamment à Mykolaïv. À Tchernihiv cinquante-trois personnes ont été victimes des bombardements dans la seule journée du 16. Moscou annonce avoir fait usage de missiles hypersoniques. De plus, les Russes procèdent à des déportations forcées de civils en territoire russe. Le président Zelensky déclare que l'Ukraine pourrait renoncer à intégrer l'OTAN. De nombreux journalistes, ukrainiens et étrangers, ont été tués.

Cher Monsieur le président, cher Ignazio !

Salut à tous les amis suisses de l'Ukraine et à tout votre beau peuple, le peuple de Suisse.

Je suis reconnaissant à votre peuple pour son soutien. Merci de défendre la liberté avec ceux qui la chérissent. Ceci est de la plus grande importance. Maintenant. Et important de votre part. Quand la terreur devient le fondement national de l'une des plus grandes puissances du monde, le pilier de sa politique étrangère, quand des crimes terroristes sont commis, non par des parias, non par un groupe d'individus, non par une organisation, mais par un État doté d'un arsenal nucléaire, quand un membre permanent du Conseil de sécurité des Nations unies détruit délibérément tout ce pour quoi les Nations unies ont été fondées, ayant déclaré contre nous une guerre cruelle, sanglante et dénuée de sens.

Nous avons une chance. Celle de montrer non seulement à la Russie, mais encore à n'importe quel agresseur, à n'importe quel État terroriste, que la guerre ne détruira pas la victime, mais celui qui la conduit. Et peut-être est-ce la dernière chance pour l'humanité de supprimer les guerres. De supprimer la terreur d'État.

Et je vous le dis. À vous, la Suisse. Un État qui a une longue histoire de paix. Et une histoire d'influence encore plus grande, dans bien des domaines une influence décisive. Avant même que je ne devienne président, je pensais à la vie dont j'aimerais que mes chers Ukrainiens puissent jouir. Je suis souvent venu dans votre pays et je sais bien comment vous vivez. Un jour, me tenant près du château de Chillon, j'ai demandé à un ami avec qui je travaillais : « Pourquoi ne pouvons-nous pas vivre ainsi ? Pourquoi ne pouvons-nous pas avoir un tel niveau de vie ? Un niveau aussi élevé. Et avec la même liberté, une pareille chaleur communautaire, une pareille confiance en ses propres forces. Mon souhait le plus sincère : que les Ukrainiens puissent vivre comme les Suisses. Pour que nous puissions décider ensemble de tout ce qui fait nos vies. En n'attendant rien des paroles vides des hommes politiques, mais par référendum. Pour que nous soyons sûrs, malgré toutes les crises financières du monde, que notre État résistera et restera à la pointe. À la pointe de la confiance et de la stabilité. Un rêve pour tous, qu'ils aient du succès ou non, simplement pour tous.

Pour que les Ukrainiens, comme les Suisses, aient le sentiment de vivre dans de vraies communautés accordant de l'importance à ce qu'ils ont en commun – pour le bien commun. Peut-être cela vous semble-t-il banal ? Pour nous, ce sont des réformes à mener. Et c'est le chemin que nous prenons et que nous voulions prendre. Et nous avons voté des lois à cet effet. Pour que tout cela fonctionne, nous avons créé des opportunités, pour le peuple, pour parvenir progressivement à votre niveau de vie.

Nous étions en voie d'y parvenir jusqu'au jour noir. Le 24 février, jour où les Russes ont massivement envahi notre territoire, l'Ukraine. Et tout a changé. Tout a changé pour chacun d'entre nous, les Ukrainiens. Je suis sûr que tout a changé pour chaque Européen. Que tout a changé pour chaque démocratie du monde. Et que tout a changé pour vous aussi.

Je suis reconnaissant de votre soutien en ces temps difficiles, de ne pas vous être tenu à l'écart, de ne pas avoir dit que cela ne vous concernait pas. Parce qu'en fait, il est impossible d'ignorer qu'au XXIe siècle, au cœur de l'Europe, des centaines de missiles et de bombes frappent des villes pacifiques. Il est impossible d'ignorer que l'armée du plus grand État du monde, quoique seulement en superficie, use de tout son pouvoir meurtrier pour nous détruire, pour détruire des hôpitaux, de simples écoles, des églises, des universités, des maternités, des zones résidentielles. Il est impossible de rester indifférent quand des enfants se font tuer. À ce jour, l'armée russe a tué cent douze enfants ukrainiens.

Alors que je voulais que les Ukrainiens vivent comme les Suisses. Je veux aussi que vous fassiez comme les Ukrainiens. Dans la bataille contre le Mal. Pour qu'on ne se pose pas de questions sur vos banques. Vos banques. Là où est déposé tout l'argent de ceux qui ont déclenché cette guerre.

C'est douloureux, c'est difficile, mais c'est aussi un combat contre le Mal. Il est nécessaire de geler complètement les avoirs de ces gens, ainsi que leurs comptes. C'est une grande bataille et vous pouvez la mener. J'aimerais que, à la façon des

Ukrainiens, vous éprouviez la douleur de voir des villes entières détruites, des villes pacifiques. Détruites sur l'ordre de gens qui aiment tellement vivre dans des communautés différentes des leurs, européennes, les belles communautés suisses[1]. Ils possèdent de l'immobilier dans votre pays. Et il serait juste de les priver de ces privilèges. De les priver de ce qu'ils nous prennent. Et j'aimerais que vous fassiez comme les Ukrainiens en affaires. Des affaires que vous continuez pourtant à conduire en Russie, malgré tout. Malgré cette guerre. Malgré tous ces enfants assassinés. Malgré les gens tués. Malgré les villes détruites. Comme notre ville de Marioupol, Marioupol l'héroïque, victime d'un blocus complet depuis des semaines. Imaginez : pas de nourriture, pas d'eau, pas d'électricité. Des bombes.

« *Good food, good life*[2] ». C'est le slogan de Nestlé. Votre entreprise, qui refuse de quitter la Russie. Même maintenant, à un moment où la Russie menace d'autres pays européens. Pas

---

1. Le président Zelensky fait évidemment allusion aux membres de l'élite russe possédant des propriétés en Suisse.
2. Bonne chère, bonne vie.

seulement nous. À un moment où la Russie se livre à un chantage nucléaire.

Tout ce que je veux, peuple suisse, c'est que vous deveniez comme nous tous, Ukrainiens. Je ne veux pas que nous laissions échapper cette chance commune, maintenant. Une chance de rétablir la paix, de mettre fin à toute guerre dans le monde. Parce que quand la Suisse est à vos côtés, on est victorieux à coup sûr, parce que, quand l'Ukraine est à vos côtés, on est fort à coup sûr. L'année dernière, nous nous étions accordés sur le principe d'une grande conférence avec votre président, à Lugano, pour une transformation économique, pour des réformes en Ukraine. Elle devait se tenir en juillet. Tout comme le prochain sommet des Premières dames et des Premiers messieurs. Et je crois, je sais que nous pourrons tenir cette conférence. Cette année. Sur votre territoire. Pour la reconstruction et le développement de l'Ukraine. Pour que vous ayez encore et encore la possibilité de montrer le meilleur de vous-même.

De ceux qui se battent pour la liberté et qui se battent pour la vie. Je vous en suis reconnaissant. Je suis reconnaissant envers la Suisse.

Gloire à l'Ukraine !

21.

L'irradiation russe

Au Parlement japonais – 23 mars 2022

Marioupol résiste et refuse de se rendre. Une école d'art qui abrite quatre cents civils est bombardée. Le consul de Grèce à Marioupol compare la ville à Guernica et à Alep. Kyiv et Odesssa sont bombardées. Il est estimé que plus de trois millions et demi de personnes auraient fui l'Ukraine. La Russie déclare qu'elle n'utiliserait l'arme nucléaire qu'en cas de « menace existentielle ».

Cher Monsieur Hosoda,
Chère Madame Santō,
Monsieur le président Kishida,
Distingués membres du Parlement japonais,
Cher peuple japonais,

C'est un grand honneur pour moi, président de l'Ukraine, de m'adresser à vous pour la première fois dans l'histoire du Parlement japonais. Nos capitales sont séparées par une distance de huit mille cent quatre-vingt-treize kilomètres. En moyenne, selon le chemin emprunté, quinze heures d'avion. Mais quelle est la distance entre nos sentiments de liberté ? Entre nos désirs de vivre ? Entre nos aspirations à la paix ?

Le 24 février, je n'ai ressenti aucune distance entre nous. Pas un millimètre entre nos capitales. Pas une seconde entre nos sentiments partagés. Vous êtes immédiatement venus à notre secours. Et je vous en suis reconnaissant. Quand la Russie a ruiné la paix de l'Ukraine, nous avons immédiatement vu combien le monde s'opposait à la guerre. Sincèrement, pour la liberté, sincèrement, pour la sécurité mondiale, sincèrement, pour le développement harmonieux de chaque société.

Le Japon est devenu un champion de ce positionnement en Asie. Vous avez immédiatement œuvré pour arrêter cette guerre brutale déclenchée par la Fédération de Russie. Vous avez immédiatement œuvré pour la paix en Ukraine. Et par conséquent en Europe. Et c'est très important. C'est important pour chacun sur terre. Sans la paix en Ukraine, personne dans le monde ne pourra regarder l'avenir avec confiance.

Vous savez ce qu'est Tchernobyl. Une centrale nucléaire en Ukraine, dans laquelle une puissante explosion a eu lieu en 1986. Une émission de radiations dont les conséquences ont été observées en maints lieux de la planète. Une zone de trente kilomètres autour de la centrale de Tchernobyl est toujours interdite. Elle reste dangereuse. Pour l'élimination des conséquences de l'explosion de la centrale, des milliers de tonnes de matériaux contaminés, des débris et des voitures ont été disséminés dans les forêts et dans les zones d'exclusion au sol. Le 24 février, des véhicules armés russes ont franchi les limites de cette zone. En dispersant des poussières radioactives dans les airs. La centrale de Tchernobyl a été prise par les armes. Imaginez une centrale nucléaire où un événement catastrophique a eu lieu. Un confinement qui obture le réacteur détruit. Qui gère une installation de stockage de déchets nucléaires. La Russie a transformé cette installation en un théâtre de guerre. Et la Russie fait usage de cette zone de trente kilomètres, cette zone fermée, pour préparer de nouvelles attaques contre nos forces de défense.

Il faudra des années après le départ des soldats russes hors d'Ukraine pour enquêter sur les dommages qu'ils ont causés à Tchernobyl. Quels dépôts de matériaux radioactifs ont-ils endommagés ? Et comment la poussière radioactive s'est-elle dispersée sur la planète ?

Mesdames et Messieurs,

Il y a quatre centrales nucléaires sur notre territoire. Elles comportent quinze réacteurs. Ils sont tous menacés. Les troupes russes ont déjà fait feu avec des blindés sur la centrale nucléaire de Zaporijia, la plus grande d'Europe. Les combats ont endommagé des centaines de réacteurs, certains sont devenus particulièrement dangereux. Les bombardements représentent une menace pour les conduites de gaz et les oléoducs. Les mines de charbon.

L'autre jour, les soldats russes ont fait feu sur une usine chimique dans la région de Soumy en Ukraine. Il y a eu une fuite d'ammoniac. Nous sommes prévenus du risque d'attaques chimiques, en particulier avec du sarin. Comme en Syrie. Et l'un des sujets principaux de discussion entre dirigeants mondiaux est la question de savoir : que faire si la Russie fait usage d'armes nucléaires ? Toute confiance éprouvée par chaque personne, par chaque pays se trouverait anéantie. Nos soldats défendent l'Ukraine avec héroïsme depuis vingt-huit jours. Vingt-huit jours d'une guerre totale contre l'un des plus grands États au monde. Mais pas celui qui a le plus grand potentiel. Pas celui qui a le plus d'influence. Et le plus petit, moralement.

La Russie a tiré plus de mille missiles sur des villes pacifiques en Ukraine. D'innombrables bombes. Les soldats russes ont détruit des dizaines de villes, certaines ayant été rasées. Dans de nombreuses villes et villages occupés par la Russie, notre peuple ne peut même pas enterrer avec dignité ses proches assassinés, ses amis, ses voisins. Il doit les enterrer dans les jardins de leurs maisons détruites, sur le bord des routes, n'importe où...

Des milliers de tués, dont cent vingt et un enfants. À peu près neuf millions d'Ukrainiens ont été contraints de quitter leur domicile, leur terre natale, pour échapper aux soldats russes. Nos territoires du nord, de l'est, du sud sont en train de se vider, parce que les gens fuient cette menace mortelle. La Russie a même bloqué l'accès à la mer ainsi que les voies de commerce habituelles. Ils donnent l'exemple à d'autres agresseurs potentiels dans le monde : comment faire pression sur des nations libres par un blocus maritime.

Mesdames et Messieurs,

Aujourd'hui, c'est l'Ukraine, nos États partenaires et la coalition que nous formons contre la guerre qui ont le potentiel de garantir la sécurité mondiale. Qu'il y aura une place pour les nations libres du monde. Pour le peuple et pour la préservation de la diversité dans nos sociétés. Pour la sécurité des frontières. Pour être sûr que nous, nos enfants, nos petits-enfants vivrons en paix. Vous voyez bien que les institutions internationales n'ont pas fonctionné, même les Nations unies et le Conseil de sécurité. Que peuvent-ils faire ? Ils ont besoin de réformes. Ils ont besoin d'une injection d'honnêteté, pour devenir efficaces, pour décider et influencer et pas seulement pour discuter.

Le monde est déstabilisé en raison de la guerre contre l'Ukraine. Le monde est sur le point de faire face à de nombreuses autres crises. Et qui est vraiment sûr de ce que sera l'avenir ?

Les turbulences du marché mondial sont un problème pour de nombreux pays dépendant des importations de matières premières. Les défis environnementaux et alimentaires sont sans précédent. Et le plus important est sur le point d'être décidé : les agresseurs de la planète, effectifs ou potentiels, tireront-ils les enseignements de ce que le déclenchement d'une guerre aura été puni ou non ? Une punition tellement ferme qu'ils ne voudront plus en déclencher. Il est tout à fait logique et juste que tous les États responsables du monde s'unissent pour protéger la paix.

Je suis reconnaissant à votre État de sa prise de position conforme aux principes à un tel moment de l'Histoire. Pour aider véritablement l'Ukraine. Vous avez été les premiers en Asie à exercer une véritable pression sur la Russie afin qu'elle rétablisse la paix. À avoir soutenu les sanctions prises contre la Russie. Et je vous exhorte à continuer.

J'appelle à l'effort uni des pays d'Asie, vos partenaires, pour rendre cette situation stable. Pour que la Russie recherche la paix. Et arrête le tsunami de son invasion brutale. Il est nécessaire d'imposer un embargo sur tous les échanges commerciaux avec la Russie. Il est nécessaire que les entreprises quittent le marché russe, pour que leur argent ne serve pas à l'armée russe. Il est nécessaire d'aider notre État, nos défenseurs, nos soldats pour qu'ils repoussent encore plus vigoureusement les soldats russes. Dès maintenant, il est nécessaire de commencer à réfléchir à la reconstruction de l'Ukraine. Au retour à la vie des villes détruites par la Russie et des territoires qui ont été dévastés.

Les gens ont besoin de retourner là où ils ont grandi. Là où ils se sentent chez eux. Dans leur petite patrie. Je suis sûr que vous comprenez ce sentiment. Ce besoin. Ce besoin de revenir à sa terre. Nous devons concevoir de nouvelles garanties sécuritaires, pour qu'il soit possible d'agir de manière préventive et décisive face à chaque menace à la paix. Est-il possible de le faire dans le cadre des structures internationales existantes ? Après une semblable guerre – certainement pas. Nous devons créer de nouveaux instruments, de nouvelles garanties, qui fonctionneront de manière préventive et efficace contre toute agression. Un leadership japonais serait indispensable à leur élaboration. Pour l'Ukraine, pour le monde. Je vous l'offre. Pour que le monde ait à nouveau confiance. Confiance en demain. Confiance en ce qu'un lendemain stable et pacifique adviendra. Pour nous, pour les générations futures.

Mesdames et Messieurs, peuple japonais !

Nous pouvons faire beaucoup ensemble. Encore plus que nous ne pouvons l'imaginer. Je sais l'exceptionnelle capacité de développement que vous portez en vous. Comment vous savez construire et vous défendre harmonieusement. Vous vous conformez aux principes et accordez une grande valeur à la vie. Vous protégez l'environnement. Ces racines-là se trouvent dans votre culture. Que les Ukrainiens aiment véritablement. Ces paroles ne sont pas prononcées à la légère. Elles sont on ne peut plus sincères.

En 2019, six mois après que je suis devenu président de l'Ukraine, ma femme, Olena, a participé à des projets en faveur des enfants atteints de déficiences visuelles. Il s'agissait de créer des livres audio. Elle a enregistré des contes de fées japonais, en ukrainien. Ils étaient très éloignés de nous, mais cela n'a constitué qu'une goutte d'eau. Pour nous, cela n'était qu'une goutte d'eau dans l'océan de notre intérêt, de l'intérêt des Ukrainiens, pour vos exploits.

Nous avons des valeurs communes malgré l'immense distance qui nous sépare. Cette distance n'existe pas vraiment, nous avons des cœurs également chaleureux. Grâce à nos efforts communs, grâce à une pression encore plus grande exercée sur la Russie, nous en viendrons à la paix. Et nous pourrons reconstruire notre pays. Réformer les institutions internationales. Je suis certain que le Japon sera alors à nos côtés, comme il l'est en ce moment, dans notre coalition contre la guerre. À ce moment crucial pour nous.

Merci, *Arigato gozaimasu*[1] !
Gloire à l'Ukraine, Gloire au Japon !

1. Merci beaucoup, en japonais.

22.

Les principes valent plus que les profits

Au Parlement français – 23 mars 2022

La France, depuis le début de l'invasion russe, a tenté de jouer un rôle de médiateur. Le président Macron a demandé un cessez-le-feu immédiat au président Poutine, en vain. Le bilan humain ne cesse de s'alourdir et on dénombre cent vingt et un enfants tués depuis le début du conflit. La présence d'entreprises françaises en Russie fait l'objet d'une controverse internationale, le président Zelensky appelant au boycott de Renault, de Leroy Merlin et d'Auchan. Après son discours devant le Parlement, Renault a annoncé la fermeture de son usine à Moscou et TotalÉnergies l'arrêt des achats de pétrole et de tout produit pétrolier à la Russie.

Mesdames et Messieurs les sénateurs,
Mesdames et Messieurs les députés,
Et aux conseillers de Paris,
Peuple de France !

C'est un honneur pour moi de m'adresser à vous. Je suis sûr que vous savez parfaitement ce qui se passe en Ukraine. Et vous savez qui en est le responsable. Même ceux qui cachent leur tête dans le sable le savent. Et ceux dont les mains essaient encore d'extraire de l'argent de Russie.

Aujourd'hui, je m'adresse à vous. Vous, honnêtes, courageux, rationnels qui aimez la liberté. Je vous pose la question suivante : comment arrêter cette guerre ? Comment rétablir la paix dans notre État ? Parce que presque tout le puzzle que constitue la réponse à cette question se trouve entre vos mains.

Le 9 mars, des bombes russes ont frappé un hôpital pour enfants et la maternité de Marioupol. C'était une ville pacifique dans le sud de l'Ukraine. Complètement pacifique, jusqu'à ce que les soldats russes s'en approchent et l'assiègent, comme au Moyen Âge. Jusqu'à ce qu'ils torturent ses habitants en les affamant, en les assoiffant, en les tuant par le feu.

Il y avait des gens dans la maternité que les Russes ont ciblée avec une bombe. Des femmes en train d'accoucher. La plupart ont été sauvées, d'autres ont été gravement blessées. Une femme a été amputée du pied, parce qu'il était complètement brisé. Et une autre a eu le pelvis brisé, son enfant est mort avant de naître. Les médecins ont essayé de la sauver. Ils ont combattu pour sa vie, mais elle les a suppliés de la laisser mourir. De la laisser, de ne pas l'aider. Elle n'avait plus de raisons de vivre. Elle s'est battue. Elle est morte. En Ukraine. En Europe. En 2022. À un moment où des centaines de millions de personnes n'auraient même pas pu imaginer qu'il en serait ainsi, que le monde aurait pu être à ce point couvert de ruines.

Je vous demande d'honorer d'une minute de silence le souvenir de ces milliers d'hommes et de femmes ukrainiens, qui ont tous été tués par l'invasion russe du territoire de notre Ukraine pacifique.

Après des semaines passées à endurer l'invasion russe, Marioupol et d'autres villes ukrainiennes attaquées par l'occupant ressemblent aux ruines de Verdun. Comme dans les photos de la Première Guerre mondiale que, j'en suis sûr, vous avez tous vues. Les militaires russes ne se préoccupent pas de savoir quelle cible ils attaquent. Ils détruisent tout : quartiers résidentiels, hôpitaux, écoles, universités. Des entrepôts de nourriture et de médicaments sont brûlés. Ils incendient tout. Ils ignorent des concepts comme « crime de guerre », ou « se conformer aux conventions ». Ils ont apporté la terreur en Ukraine, la terreur d'État. Chacun d'entre nous en est conscient. Toutes les informations sont disponibles. Les faits sont là.

À propos de femmes violées par les militaires russes dans les territoires temporairement occupés. À propos des réfugiés, cibles de tirs sur les routes. À propos des journalistes qu'ils tuent en sachant pertinemment qu'ils sont des journalistes. À propos des personnes âgées qui, ayant survécu à l'Holocauste, sont maintenant obligées de fuir dans des abris antiaériens les attaques russes sur des villes pacifiques. Pendant quatre-vingts ans, l'Europe n'a rien vu de semblable à ce qui se passe aujourd'hui en Ukraine. À cause des agissements de la Russie. Quand il y a des gens qui atteignent un tel degré de désespoir qu'ils supplient qu'on les laisse mourir. Comme cette femme.

En 2019, quand je suis devenu président, il existait un cadre de négociations avec la Russie. Le format Normandie. Le format des négociations qui devaient mettre fin à la guerre du Donbass. Cette guerre dans l'est de l'Ukraine qui dure depuis huit ans, malheureusement. Quatre pays font partie du format Normandie : l'Ukraine, la Russie, l'Allemagne et la France. Quatre, mais à travers ces pays, c'était le monde et tous ses points de vue qui étaient représentés. L'un nous a soutenus. Un autre a essayé de freiner le processus. Un autre a essayé de tout saboter. Mais il paraissait important que le monde entier fût constamment représenté à cette table de Normandie, la table de la paix. Quand les négociations ont produit des résultats, nous sommes parvenus à libérer des gens de la captivité, à prendre ensemble des décisions en décembre 2019, un souffle d'air frais. Une lueur d'espoir. Un espoir que les discussions avec la Russie contribuaient à susciter. Que les dirigeants russes pourraient être convaincus par des paroles, que Moscou choisirait la paix.

Mais le 24 février est survenu. Un jour qui a gâté tous les efforts. Pour nous tous. Qui a gâté le sens ancien de ce mot : « Dialogue ». Gâté l'expérience que l'Europe a de ses relations avec la Russie. Des décennies d'histoire européenne gâtées. Tout cela a été bombardé par les soldats russes. Détruit par l'artillerie russe. Incendié par les frappes de missiles russes. La vérité ne se trouvait pas dans les bureaux. Et maintenant nous devons la rechercher et la regagner sur le champ de bataille. Et maintenant, quoi ? Que nous reste-t-il ? Nos valeurs. Notre unité. Et notre détermination à défendre la liberté. Une liberté commune ! La même pour Paris et pour Kyiv. Pour Berlin et pour Varsovie. Pour Madrid et pour Rome. Pour Bruxelles et pour Bratislava.

Des bouffées d'air frais ne suffiront plus. Il est raisonnable d'agir ensemble. D'exercer des pressions ensemble. De forcer les Russes à rétablir la paix. Mesdames et Messieurs, peuple français ! Le 24 février, le peuple ukrainien s'est uni. Aujourd'hui, nous n'avons plus de droite ni de gauche. Il ne nous importe plus guère de constater qui est au pouvoir et qui occupe quelle position. La politique habituelle a pris fin le jour de l'invasion russe, elle reprendra son cours le jour où la paix sera rétablie.

Et il est juste de se battre pour la vie, de protéger notre État. Nous sommes reconnaissants de ses efforts au président Macron. Il a montré son amitié. Nous sommes constamment en liaison avec lui, et nous nous coordonnons pour certaines étapes. Les Ukrainiens sont conscients de ce que la France voue un grand prix à la liberté, aussi grand que jamais. Vous la protégez. Vous vous rappelez ce qu'elle est. La liberté, l'égalité, la fraternité. Chacun de ces mots est un mot puissant pour vous ! Je le ressens. Les Ukrainiens le ressentent.

C'est pourquoi nous attendons de vous, nous attendons de la France, de vos dirigeants, que vous poussiez la Russie à rétablir la paix, pour terminer cette guerre contre la liberté, contre l'égalité, contre la fraternité. Contre tout ce qui a fait l'unité de l'Europe ainsi que son existence libre et diverse. Nous espérons de la France, de vos dirigeants, qu'ils fassent en sorte que l'intégrité territoriale de l'Ukraine soit restaurée. Ensemble, nous pouvons le faire. Si, parmi vous, certains en doutent, votre peuple en est déjà sûr. Comme dans les autres nations d'Europe. Que pendant la présidence française de l'Union européenne, soit prise la décision déjà trop différée de l'adhésion complète de l'Ukraine à l'Europe. Une décision pour des temps historiques. Comme ce fut toujours le cas dans l'histoire du peuple français.

Mesdames et Messieurs,
Peuple français,

Demain, il y aura un mois que les Ukrainiens se battent pour leur vie, pour leur liberté, que notre armée s'oppose héroïquement à des forces russes pourtant écrasantes. Il nous faut davantage d'aide. Il nous faut davantage de soutien. Pour que la liberté ne soit pas vaincue, nous devons être bien armés, de blindés et d'armes anti-blindés, d'aviation, de défenses aériennes, nous avons besoin de tout cela. Vous pouvez nous aider. Je le sais. Vous le pouvez !

Pour que la liberté ne soit pas vaincue, le monde doit nous soutenir par des sanctions contre les agresseurs. Des sanctions supplémentaires chaque semaine, chaque semaine ! Les entreprises françaises doivent quitter le marché russe. Renault, Auchan, Leroy Merlin et d'autres. Elles doivent arrêter de subventionner la machine militaire russe, de subventionner les assassinats d'enfants et de femmes, de subventionner les viols, les vols, les pillages commis par l'armée russe.

Toutes les entreprises doivent se souvenir une bonne fois pour toutes que les principes valent plus que le profit. En particulier le profit acquis au prix du sang. Nous devons commencer à penser à l'avenir. À la manière de vivre après cette guerre. Des garanties sont nécessaires. Des garanties fortes. Des garanties d'une sécurité intangible, qu'il n'y aura pas de guerre, et que la guerre en général ne sera plus possible.

Nous sommes en train de créer un tel système de garanties. Un nouveau système. La France, je le crois, y jouera un rôle essentiel. Pour que personne n'ait plus jamais à supplier qu'on le laisse mourir ! Pour que les gens vivent leur vie, leur pleine vie et pour qu'ils n'aient pas à dire au revoir à des êtres chers sous les bombes, mais seulement quand le temps en est advenu. Dans la paix. Avec dignité. Parce que vous avez vécu pour être respectés. Pour que l'on se souvienne de vous. Et pour que l'on se dise adieu comme la France a dit adieu au grand Belmondo.

Merci, la France !
Gloire à l'Ukraine !

23.

La liberté doit être mieux armée que la tyrannie

Aux Ukrainiens, publié sur les réseaux sociaux, après trente-six jours de guerre – 30 mars 2022

Alors que l'on semble assister à un certain recul de l'armée russe, dont l'impréparation est manifeste et les succès incertains, celle-ci opère un apparent changement de stratégie. Les observateurs se demandent si ce n'est pas une manœuvre grossière : Kyiv, d'où l'armée russe était censée se retirer, a continué à être bombardée ; la reprise de certaines villes alentour par l'armée ukrainienne a révélé de probables crimes de guerre. L'indubitable, après plus d'un mois de guerre, est la combativité de l'armée ukrainienne, qui loin de s'effondrer en trois jours, comme les Russes avaient semblé l'espérer, résiste brillamment.

Chers Ukrainiens,

Aujourd'hui, je n'aurai pour vous que peu de mots, peu de temps, beaucoup d'émotion et encore davantage de tâches à réaliser. Nous nous trouvons à un point charnière, où nous ne pouvons et ne devons parler que de la chose la plus importante.

Oui, un processus de négociation est en cours, mais il ne s'agit que de mots. Jusqu'à présent, rien de précis. D'autres mots circulent à propos du retrait présumé des troupes russes de Kyiv et de Tchernihiv. De la prétendue diminution de l'activité des occupants dans ces zones, nous savons que ce n'est pas un retrait, mais bel et bien la conséquence d'une déroute. La conséquence des efforts de nos défenseurs. Nous observons, en même temps, une accumulation des troupes russes prêtes à lancer de nouvelles attaques dans le Donbass. Nous nous y préparons.

Nous ne faisons confiance à personne. Nous ne faisons confiance à aucune belle construction verbale. Il y a une situation réelle sur le champ de bataille. Et, pour l'instant, c'est la chose la plus importante. Nous n'abandonnerons rien et nous nous battrons pour chaque mètre de notre terre, pour chaque individu. Dans l'état actuel de notre pays, il ne devrait pas y avoir de discussions semblables à celles dont la société et nos hommes et femmes politiques sont familiers en temps de paix. Si quelqu'un prétend être capable d'enseigner à nos forces armées comment se battre, comment résister à l'ennemi, la meilleure manière d'y parvenir, c'est d'aller tout droit au champ de bataille. Et non de rester dans un fauteuil chez soi, ou là où on est allé se protéger. Si vous n'y êtes pas prêt, vous ne devriez pas même commencer à donner le moindre conseil à nos défenseurs.

Aujourd'hui a été pour moi une journée chargée diplomatiquement. Une journée difficile. Les priorités sont connues, au nombre de trois : des armes pour l'Ukraine, de nouvelles sanctions contre la Russie et un soutien financier à notre État. J'ai eu une conversation avec le président des États-Unis, Joe Biden, très détaillée, d'une heure. Évidemment, j'ai remercié les États-Unis pour leur aide humanitaire d'un milliard de dollars et pour l'aide additionnelle de cinq cents millions venue soutenir notre budget. Et j'ai à nouveau souligné que nous sommes à un tournant de notre histoire.

J'ai indiqué au président Biden ce dont l'Ukraine a besoin. J'ai été aussi sincère que possible. Le soutien des États-Unis est vital. Et il est particulièrement important de prêter main-forte à l'Ukraine, de montrer la puissance du monde démocratique. Si nous voulons nous battre ensemble pour la liberté, alors il nous faut demander de l'aide à nos partenaires. Si nous voulons vraiment nous battre ensemble pour la liberté et la sauvegarde de la démocratie, nous avons le droit de demander cette aide, en un moment crucial et difficile. Des blindés, des avions, des systèmes d'artillerie : la liberté doit être mieux armée que la tyrannie. J'en ai aussi parlé dans un discours au Parlement et au peuple norvégiens, l'un des États qui nous soutiennent beaucoup. J'ai demandé plus d'aide pour l'Ukraine, sous forme d'armes et de sanctions contre la Russie. J'ai parlé avec le président égyptien et avec le prince héritier des Émirats arabes unis. J'ai fait, je fais et je ferai de mon mieux pour que notre peuple puisse se défendre et pour que la justice soit rétablie sur le territoire ukrainien et dans la région de la mer

Noire. Il y va de notre intérêt fondamental. Il y va de notre survie. C'est pour la survie du peuple ukrainien que nous nous battons à présent, dans cette guerre, dont on peut dire sans exagération qu'elle est une guerre patriotique contre la Russie.

À présent, j'aimerais mentionner quelques autres points importants. D'abord, il y a ceux qui œuvrent à défendre notre État, de sorte que l'Ukraine puisse retrouver un avenir : nous apprécions le travail de chacune de ces personnes. Et puis, il y a ceux qui gâtent du temps et ne travaillent que ce qu'il faut pour garder leur poste. Aujourd'hui, j'ai signé le premier décret pour rappeler ce genre de personnes, tels l'ambassadeur d'Ukraine au Maroc et l'ambassadeur en Géorgie. Avec tout le respect que je leur dois, s'ils n'ont pas su susciter l'envoi d'armes, l'établissement de sanctions et de restrictions à l'activité des entreprises russes, qu'ils trouvent un autre travail !

J'attends dans les prochains jours des résultats concrets de la part de nos représentants en Amérique latine, au Proche-Orient, en Asie du Sud-Est et en Afrique. J'attends les mêmes résultats de la part des attachés militaires. La ligne de front diplomatique est l'une des principales lignes de front. Tous ceux qui s'y trouvent doivent travailler aussi efficacement que possible pour la victoire et le soutien à notre armée. Tous ceux qui s'y trouvent doivent travailler à l'instar de nos défenseurs sur le champ de bataille.

Comme il est de tradition, aujourd'hui, avant de prononcer ce discours, j'ai, à la requête du commandant en chef, signé un décret de récompenses d'État à nos militaires, à cent vingt-deux défenseurs, dont vingt-trois à titre posthume.

Mémoire éternelle aux morts pour l'Ukraine, gloire éternelle à nos héros, gloire à l'Ukraine !

CHRONOLOGIE

24 août 1991 : Indépendance de l'Ukraine.

5 décembre 1994 : Ratification du Mémorandum de Budapest.

Novembre 2004 – janvier 2005 : Révolution orange.

Novembre 2013 – février 2014 : Manifestations pro-européennes d'Euromaïdan.

Avril 2014 : début de la guerre du Donbass.

5 septembre 2014 : Signature du protocole de Minsk.

11 février 2015 : Signature des accords de Minsk II.

21 avril 2019 : Élection à la présidence d'Ukraine de Volodymyr Zelensky.

Janvier – février 2022 : Accumulation de troupes russes à la frontière de l'Ukraine.

21 février 2022 : Reconnaissance par la Fédération de Russie des République populaires séparatistes de Donetsk et Louhansk.

24 février 2022 : Début de l'invasion de l'Ukraine par l'armée russe.

24-25 février 2022 : Les forces russes entrent dans Melitopol et Soumy. À Soumy, violents combats urbains. Début des sièges de Marioupol, de Kharkiv et de Tchernihiv.

26 février : Exclusion de certaines banques russes du système de communication SWIFT et blocage des réserves extérieures de la Banque centrale russe dans les pays partenaires de l'Ukraine.

28 février : Premiers pourparlers entre belligérants à la frontière biélorusse.

1er mars : Bombardement de la place de la Liberté de Kharkiv. Intensification des frappes contre les civils, notamment à Marioupol et Kharkiv.

3 mars : Deuxième séance de pourparlers. Les deux parties s'accordent sur l'ouverture de couloirs humanitaires. Dans les jours qui suivent, les couloirs sont fermés par les forces russes.

4 mars : Un missile russe s'abat dans l'enceinte de la centrale nucléaire de Zaporijia.

7 mars : L'étau de l'encerclement de Kyiv se resserre au sud.

8 mars : Le président Zelensky déclare ne plus vouloir insister pour que l'Ukraine devienne membre de l'OTAN.

9 mars : Bombardement d'un hôpital pour enfants et d'une maternité à Marioupol assiégée. Deux mille deux cent sept civils morts à Marioupol.

12 mars : Manifestation des habitants de Melitopol contre l'enlèvement de leur maire par les Russes le jour précédent. Il sera libéré le 16 mars.

16 mars : Les Russes bombardent le théâtre de Marioupol en dépit des inscriptions : « ENFANTS » le signalant. Le président Zelensky s'adresse au Congrès américain et peu après les États-Unis augmentent leur aide à l'Ukraine de huit cents millions de dollars, portant le total à un milliard de dollars.

22 mars : La Russie annonce qu'elle n'utilisera l'arme nucléaire qu'en cas de « menace existentielle ».

24 mars : Les troupes russes parviennent jusqu'au centre de Marioupol.

26 mars : L'état-major russe annonce que la première phase de ses objectifs militaires est atteinte et que l'armée russe se concentrera sur la libération du Donbass. Les autorités ukrainiennes disent douter de la crédibilité de cette annonce.

28 mars : Dans certaines régions, l'armée ukrainienne a repoussé des unités russes. *Novaya Gazeta*, l'un des derniers journaux indépendants russes, suspend sa publication, dans le contexte de la censure généralisée des médias russes.

1ᵉʳ avril : Conclusion d'un accord humanitaire sur l'évacuation des populations civiles à Marioupol. Il est estimé que cent mille civils y résident encore. La Russie accuse l'Ukraine d'avoir mené un raid sur son territoire, à Belgorod, contre un dépôt de pétrole.

2 avril : Retrait des troupes russes de Boutcha et d'Irpin, dans l'oblast de Kyiv. Les autorités ukrainiennes accusent les troupes russes d'avoir commis des massacres de civils après la découverte de cadavres sur les voies publiques et de fosses communes. Les habitants témoignent de tortures, de viols et d'exécutions sommaires perpétrées par les soldats russes. Le Kremlin nie les accusations.

6 avril : Selon divers services de renseignement occidentaux, les forces russes se sont largement retirées du nord-est de l'Ukraine.

8 avril : Un missile frappe la gare de Kramatorsk, dans l'oblast de Donetsk (est de l'Ukraine), faisant au moins cinquante-deux morts et une centaine de blessés. De nombreuses nations dénoncent un crime de guerre, appelant au jugement de Vladimir Poutine.

10 avril : Mille deux cents corps découverts dans la région de Kyiv.

TABLE

Avertissement... 6
Note 7

1. Sur l'unité de la société ukrainienne... 11
2. Nous savons qui ment....................... 19
3. Si c'est nous aujourd'hui,
   ce sera vous demain 37
4. La cible n° 1...................................... 43
5. Battez-vous contre la guerre............. 49
6. Un terrorisme d'État......................... 55
7. Soixante-dix-neuf.............................. 61
8. Ils ont voulu détruire l'Ukraine
   tant de fois et ils ont échoué 71
9. La nuit qui aurait pu
   arrêter l'histoire................................. 79

10. Nous avons déjà gagné notre avenir 87
11. Laissez la guerre les nourrir 95
12. Je resterai ici 103
13. L'Ukraine est devenue grande 111
14. Nous devons redonner confiance aux Occidentaux 121
15. Aux mères russes 129
16. Entends-tu, Moscou ? 141
17. Ils bombardent nos monastères, nous soignons leurs prisonniers 149
18. Les Russes honnêtes 157
19. Est-ce trop demander ? 165
20. Les affaires contre les enfants 177
21. L'irradiation russe 185
22. Les principes valent plus que les profits 197
23. La liberté doit être mieux armée que la tyrannie 207

Chronologie 213

Cet ouvrage a été achevé d'imprimer
par CPI Firmin-Didot au Mesnil-sur-l'Estrée
pour le compte des éditions Grasset
en avril 2022

*Composition et mise en pages
Nord Compo à Villeneuve-d'Ascq*

N° d'édition : 22471 – N° d'impression : 169699
Dépôt légal : mai 2022
Imprimé en France